엔트리로 시작하는 인공지능 프로그래밍

Entry / Artificial Intelligence

저자 소개

정인기

- 춘천교육대학교 컴퓨터교육과 교수
- 한국정보교육학회 이사
- 한국컴퓨터교육학회 이사
- 이러닝학회 이사

저서
- 뚝딱뚝딱 코딩 공작소 공동 집필 (미래창조과학부·한국과학창의재단)
- 디지털 스토리텔링을 구현을 위한 앨리스 프로그램 집필 (휴먼싸이언스)
- 소프트웨어와 함께하는 창의력 여행 공동 집필(교육부)
- 10대들을 위한 스크래치 프로그래밍 번역 공동 번역(휴먼싸이언스)
- 컴퓨팅 기초 다지기 교사용 지도서 공동 번역 (미래창조과학부·한국과학창의재단)
- 엔트리의 모든 것, 블록부터 파이선까지 공동 집필 (교학사)
- 컴퓨팅 사고력을 위한 알고리즘 & 순서도 연습 집필 (교학사)

홍지연

- 현 초등학교 교사
- 현 초등컴퓨팅교사협회 연구개발팀장
- 현 교육부 SW 및 AI 교육 집필진 및 강사
- 현 EBS 이솦 SW교육 및 AI 교육 집필진 및 강사
- 한국교원대학교 대학원 초등 컴퓨터 교육 박사수료

저서
- 인공지능, 엔트리를 만나다 외(영진닷컴)
- WHY? 코딩 워크북 (예림당)
- 코딩과학동화 시리즈 〈팜〉 시리즈, 길벗
- 소프트웨어 수업백과 (상상박물관)
- HELLO! EBS 소프트웨어 (EBS) 외 다수

동영상을 보려면

이 책은 여러 가지 동영상을 활용하여 기초 학습을 진행하며, 각 학습은 작품을 완성하는 프로젝트 형식 구성되어 있습니다. 그리고 IT와 관련된 재미있는 글과 사진을 〈읽을 거리〉에 담았습니다. 학습에 활용되는 동영상이나 프로젝트에서 완성된 프로그램은 홈페이지를 통해 확인할 수 있습니다. 홈페이지는 아래의 주소나 QR 코드를 통해 접속할 수 있습니다.

홈페이지 주소 : http://itbook.kyohak.co.kr/ai

엔트리에서 인공지능을 코딩하려면

엔트리로 나만의 멋진 프로그램을 만들 수 있다는 사실은 다 알고 있죠? 그런데 이런 엔트리에 인공지능을 더할 수 있게 되었습니다. '인공지능'이라는 새로운 블록 카테고리를 선택하면 '번역', '비디오 감지', '오디오감지', '읽어주기'와 같은 〈인공지능 블록 불러오기〉를 할 수 있습니다. 이 인공지능 명령 블록들을 활용하면 마이크로 소리를 인식하고, 카메라로 사람의 얼굴이나 사물을 인식해 다양한 문제를 해결할 수 있습니다.

또 〈인공지능 모델 학습하기〉에서는 기계를 학습시켜 어떤 일을 분류하거나 예측할 수 있는 인공지능 모델도 만들 수도 있습니다. 이미지나 음성, 텍스트, 숫자 데이터를 입력하면 데이터 속 특징들을 추출하거나 패턴을 찾아 데이터를 몇 개의 그룹으로 분류하거나 선을 그어 무언가를 예측하는 일을 하는 것입니다.

어려울 것 같다고요? 전혀 그렇지 않아요. 엔트리에서 이야기, 게임 프로그램 등을 만들었던 것처럼 여러분이 상상하는 인공지능 세상을 생각하고 만들고, 공유하는 과정을 통해 미래의 기술을 만나볼 수 있을 뿐 아니라 미래사회에 필요한 사고의 힘도 키워나갈 수 있답니다. 호기심을 가지고 끈기있게 도전한다면 인공지능이라는 새로운 세상에서도 여러분은 무엇이든 될 수 있답니다.

햄스터와 인공지능 카메라

인공지능 프로그래밍을 배우기 위해서 보다 실감나는 구현을 위해 햄스터 로봇을 활용할 거예요. 그런데 햄스더 로봇에 '눈'의 역할을 해주는 카메라가 있다면 더 좋지 않을까요? 인공지능은 센서와 카메라 등을 통해 세상의 데이터를 수집하고, 이렇게 수집된 데이터를 활용해 세상의 문제를 해결해 가기 때문이죠. 노트북이나 PC에 연결된 카메라를 활용해도 좋고, 교재에 있는 것처럼 무선 카메라를 사용해도 좋아요. 무선 카메라를 사용하면 햄스터 로봇 위에 올려 함께 움직일 수 있으니 햄스터 로봇의 시선으로 세상을 바라볼 수 있어 더 실감나죠. 햄스터 로봇과 인공지능 카메라로 한층 다가온 인공지능 로봇 세상으로 함께 떠나가 볼까요?

머리말

인공지능 로봇이 사람과 함께 어울려 사는 세상을 상상해 본 적이 있나요? 집안일은 물론 육아를 도와주기도 하고, 화재 현장이나 공사 현장과 같이 위험한 곳에 사람 대신 투입되어 위험한 일을 수행합니다. 정교한 수술이 필요할 때 의사를 대신해 수술하거나 분쟁 지역에서 다친 병사를 구하고 전투에 직접 참여하기도 하지요. 영화 속에서나 있을 법한 일처럼 느껴지지만 빠르게 진화하고 있는 인공지능 기술의 발전 속도를 생각해 보면 여러분들이 어른이 되어 살아갈 세상에서는 자연스러운 일인지도 모릅니다. 이런 세상에 잘 적응해 살아가기 위해서 우리는 어떤 역량을 키워나가야 할까요?

코딩 스쿨 시리즈는 처음 코딩을 접하는 학생이 알아야 할 알고리즘부터 기초 프로그래밍, 피지컬 컴퓨팅을 거쳐 인공지능 교육에 이르기까지 미래 사회에 필요하다고 생각되는 컴퓨팅 사고력과 문제 해결력, 인공지능 소양을 키우고자 기획되었습니다. 그중에서도 코딩 스쿨 시리즈의 〈엔트리로 시작하는 인공지능 프로그래밍〉은 세상에 다양하게 적용되는 인공지능의 기술을 살펴보고, 이를 활용해 프로그램을 완성해 봄으로써 인공지능 기술을 활용한 문제 해결력을 키우고자 합니다.

인공지능이 어떤 문제를 해결하려면 사람처럼 판단하고, 예측하는 등의 지적인 활동이 필요합니다. 그리고 지적인 사고 과정을 위해서는 해결해야 하는 문제와 관련된 지식이 필요합니다. 필요한 지식을 얻기 위해 인공지능은 사람처럼 '학습'을 해야 하며 학습은 데이터를 통해서 이루어집니다. 즉, 세상으로부터 데이터를 인식하고, 인식한 데이터 속에서 중요한 특징이나 패턴을 추출하는 표현과 추론 과정을 학습함으로써 문제를 해결하는 모델을 만들 수가 있는 것입니다.

〈엔트리로 시작하는 인공지능 프로그래밍〉은 위의 과정을 하나씩 경험할 수 있도록 구성되어 인공지능 기술을 활용한 문제 해결력 향상에 큰 도움이 될 것입니다. 카드 놀이를 통해 일상생활 속에서 인공지능 기술을 활용한 사례를 찾거나 인공지능 로봇에 필요한 센서를 직접 선택해 인공지능 로봇을 완성하는 놀이는 처음 인공지능 교육을 접하는 학생들에게 흥미와 재미를 선사합니다. 인공지능 번역 기술을 이용해 손쉽게 번역하고, 음성인식 기술을 활용해 자동으로 자막을 만들어 보는 경험은 인공지능 사회를 현명하게 살아갈 수 있는 힘을 키워줄 수 있습니다. 인공지능이 봄, 여름, 가을, 겨울을 나타내는 텍스트를 구분하도록 학습시키거나 유명 화가의 미술 작품을 학습시켜 화가의 화풍을 구분할 수 있도록 함으로써 머신 러닝이 어떻게 세상에 도움을 줄 수 있는지 이해할 수 있습니다.

여기서 끝일까요? 실제 로봇에 카메라를 연결하고 인공지능 프로그래밍을 더해 도로 표지판을 구분하는 로봇, 간판을 읽고 목적지까지 이동하는 로봇 등을 직접 실습해 봄으로써 인공지능 로봇과 함께 살아갈 세상을 짐작해볼 수 있도록 하였습니다. 인공지능 기술의 발전으로 달라질 세상이 정말 흥미롭지 않나요? 〈엔트리로 시작하는 인공지능 프로그래밍〉과 함께 신나고 궁금한 인공지능의 세계로 빠져봅시다.

저자 정인기, 홍지연

차례

PART-1 인공지능을 찾아라!

무엇을 배울까? 10

우리 생활 속 인공지능을 살펴봐요 12

인공지능 찾기 카드 놀이를 해요 14

인공지능은 우리 생활에 어떤 영향을 미칠까요? 17

알아보기 18

읽을거리 21

PART-2 내 친구, 번역 챗봇

무엇을 배울까? 22

머신러닝 모델을 만들어요 24

번역 챗봇 프로그램을 시작해요 26

대화 의도를 파악하고 번역해요 27

알아보기 31

도전하기 32

읽을거리 33

PART-3 음성인식 자막 서비스

무엇을 배울까? 34

인공지능 블록과 오브젝트를 추가해요 36

음성인식 자막 서비스 프로그램을 만들어요 37

알아보기 40

도전하기 41

PART-4 사물인식 게임

무엇을 배울까? 42

인공지능 블록과 오브젝트를 추가해요 44

사물인식 게임 프로그램을 만들어요 46

알아보기 51

도전하기 52

읽을거리 53

PART-5 누구의 그림일까?

무엇을 배울까? 54

머신러닝 모델을 만들어요 56

미술관 선생님이 환영 인사를 해요 58

작품을 클릭해 화가가 누구인지 확인해요 59

알아보기 60

도전하기 62

읽을거리 63

차례

PART-6 봄, 여름, 가을, 겨울

무엇을 배울까? 64
머신러닝 모델을 만들어요 66
인공지능 블록과 오브젝트를 추가해요 69
검색어로 봄, 여름, 가을, 겨울을 분류해요 70
알아보기 74
도전하기 75

PART-7 어떤 동물이 살고 있을까요?

무엇을 배울까? 76
머신러닝 모델을 만들어요 78
인공지능 블록과 오브젝트를 추가해요 82
울음소리로 동물을 분류해요 83
알아보기 86
도전하기 87

PART-8 로봇과 인공지능의 만남

무엇을 배울까? 88
다양한 AI 로봇을 살펴봐요 90
인공지능 로봇에게 필요한 센서를 알아봐요 92

인공지능 로봇을 완성해요 93

인공지능 로봇이 우리 생활에 어떤 영향을 미칠까요? 95

알아보기 96

읽을거리 99

PART-9 안전 로봇이 왔어요!

무엇을 배울까? 100

머신러닝 모델을 만들어요 102

하드웨어와 인공지능 블록을 추가해요 106

안전로봇을 만들어요 109

알아보기 112

도전하기 113

PART-10 간판을 읽을 수 있어요!

무엇을 배울까? 114

머신러닝 모델을 만들어요 116

하드웨어와 인공지능 블록을 추가해요 120

간판을 읽는 로봇을 만들어요 123

알아보기 126

도전하기 127

1

인공지능을 찾아라!

 '인공지능'이란 사고나 학습 등 인간이 가진 지적 능력을 기계를 통해 구현하는 기술을 의미합니다. 쉽게 말해 컴퓨터와 같은 기계가 사람이 하는 것처럼 생각하고 행동할 수 있게 하는 기술입니다.

무엇을 배울까?

1. 다양한 인공지능의 사례를 통해 인공지능에 대해 이해합니다.
2. 인공지능 카드 놀이를 통해 인공지능의 개념과 사례를 명확하게 파악합니다.
3. 인공지능이 우리 생활에 미치는 영향에 대해 이야기 나눕니다.

준비물 목록	
1	인공지능 카드 도안(부록)
2	가위, 풀

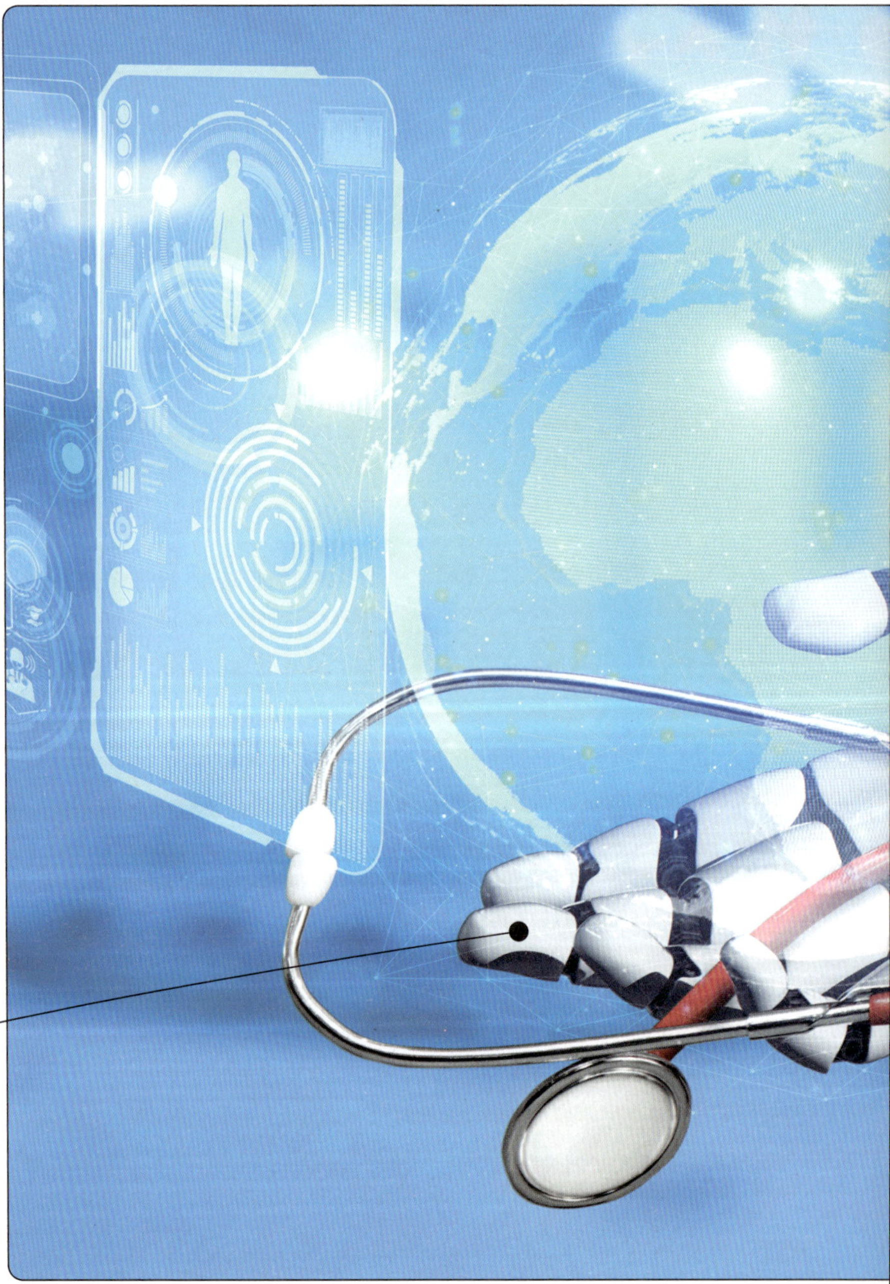

외과 의사가 메스를 움직이는 각도와 장기의 특정 부분을 잘라내는 방법 등을 머신 러닝을 통해 스스로 학습해 사람대신 수술할 수 있습니다.

Coding School

인공지능 카드 놀이를 통해 인공지능이 우리 생활에 어떻게 활용되고 있는지 알아봅시다.

Q1 영화에서처럼 인공지능이 인간을 지배하게 될까요?

영화처럼 인공지능이 인간을 지배하려면 자의식이 있어야 합니다. 하지만 아직까지는 기계가 스스로 생각할 수 없기 때문에 영화 속과 같은 일은 일어날 가능성이 매우 낮습니다.

Q2 인공지능이 인간의 일자리를 빼앗을까요?

인공지능이 일자리를 빼앗는다기보다 인공지능이 사람보다 더 잘할 수 있는 일은 인공지능이 사람을 대신할 가능성이 높습니다.

인공지능 의사 왓슨은 유방암, 폐암 등 여덟 가지의 암을 진단하는데 활용되며, 암환자의 치료법 결정에도 도움을 주고 있습니다.

인공지능

우리 생활 속 인공지능을 살펴봐요

01 엔트리로 시작하는 인공지능 프로그래밍 자료 홈페이지(http://itbook.kyohak.co.kr/ai)에 접속하여 '생활 속으로 들어온 AI 기술' 영상을 확인하세요!

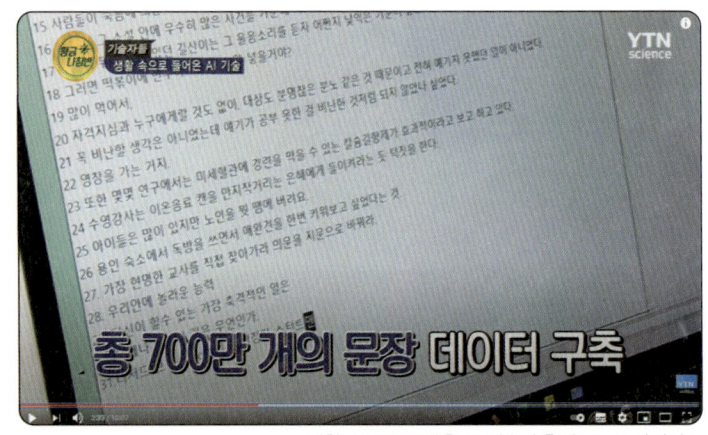

생활 속으로 들어온 AI 기술 / 출처 : YTN 사이언스

02 영상 속에서 음성인식 및 음성합성 기술을 활용해 어떤 일을 하고 있나요?

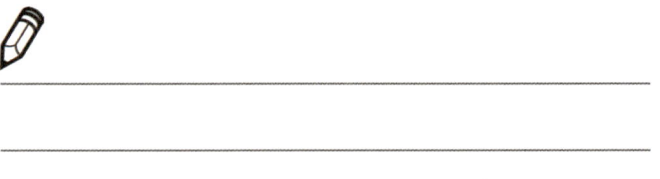

03 영상 속 스마트 법률 도우미는 어떤 일을 하나요?

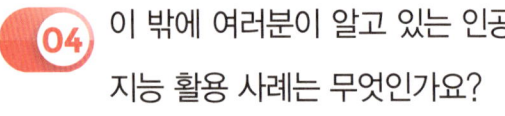

04 이 밖에 여러분이 알고 있는 인공지능 활용 사례는 무엇인가요?

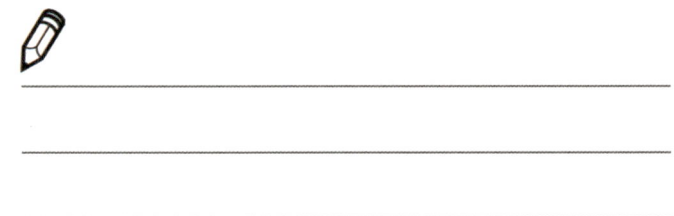

Coding School

05 엔트리로 시작하는 인공지능 프로그래밍 자료 홈페이지(http://itbook.kyohak.co.kr/ai)에 접속하여 '생활 속 인공지능 AI, 어디까지 발전했나?' 영상을 확인하세요!

생활 속 인공지능 AI, 어디까지 발전했나? / 출처 : 연합뉴스TV(YonhapnewsTV)

06 의료계에서의 인공지능은 어떤 역할을 하나요?

07 뉴스 속에서 소개된 다양한 인공지능 활용 사례를 적어 보세요.

08 인공지능에 의해 인간의 일자리가 위협받고 있다고 합니다. 이 문제를 어떻게 해결하면 좋을까요?

인공지능

인공지능 찾기 카드 놀이를 해요

01 부록에 있는 인공지능 카드 36장을 모두 오려 '인공지능 찾기' 카드 놀이를 준비합니다.

> **TIP** 이 게임은 두 사람이 필요합니다.

02 오린 카드를 잘 섞은 뒤 각각 2장씩 무작위로 가지고 나머지는 더미로 만들어 가운데 둡니다.

03 가위바위보로 선 플레이어를 정하고, 선 플레이어부터 더미에서 카드를 1장 가져옵니다.

04 3장의 카드 중 인공지능 카드가 있다면 1장씩 자기 앞에 내려놓을 수 있습니다. 만약 내려놓을 인공지능 카드가 없다면 내려놓을 수 없고 1장을 버려야 합니다.

05 손에는 항상 2장의 카드를 가지고 있어야 하며 자기 앞에 인공지능 카드 5장이 모두 모이면 "stop"을 외치고 게임을 멈춥니다.

06 인공지능 카드 1장당 2점을 얻되, 동일한 카드가 있을 경우 1점만 얻습니다. 바닥에 놓인 카드를 보고 점수를 확인합니다.

총 10점

총 8점

인공지능

07 인공지능 찾기 카드 놀이 후 자신이 모은 카드를 보면서 내가 생각하는 인공지능 시대의 모습을 간단하게 그림으로 그리고 어떤 모습인지 설명해 주세요.

인공지능은 우리 생활에 어떤 영향을 미칠까요?

01 앞에서 알아본 것처럼 인공지능이 우리 생활에 미칠 좋은 영향에 대해 적어 보세요.

02 인공지능이 우리 생활에 미친 나쁜 영향은 없을까요? 이 책의 자료가 있는 홈페이지(http://itbook.kyohak.co.kr/ai)에 접속하여 '카톡 대화로 배웠다…불붙은 'AI 윤리' 논쟁' 영상을 보고 생각해 보세요.

카톡 대화로 배웠다…불붙은 'AI 윤리' 논쟁 / 출처 : SBS 뉴스

03 위 뉴스 영상 속에서 이야기하고 있는 인공지능이 우리 생활에 미치는 나쁜 영향은 무엇인가요?

04 인공지능을 어떻게 활용해야 위와 같은 문제를 줄일 수 있을까요?

인공지능

알아보기

엔트리 프로그램을 사용하면 인공지능의 기술을 활용해 다양한 일을 하는 프로그램을 만들 수 있습니다. 엔트리에서 인공지능 프로그램을 만드는 방법을 알아볼까요?

① 엔트리 사이트(https://playentry.org)에 접속합니다.

② 엔트리 계정이 없다면 화면 오른쪽 위에 있는 '회원 가입' 버튼을 누릅니다. '학생'을 선택한 뒤 이용약관과 개인정보 수집에 동의를 한 뒤, 다음 버튼을 클릭합니다.

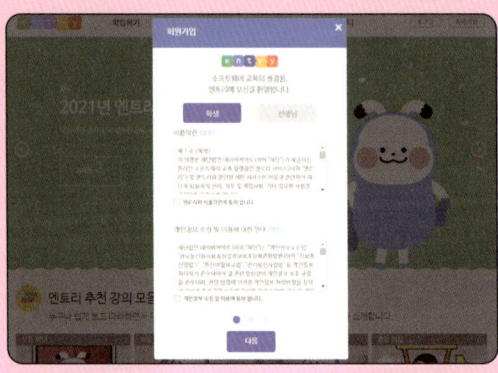

③ 기억하기 쉬운 아이디와 비밀 번호를 정해 입력하고 다음 버튼을 클릭합니다.

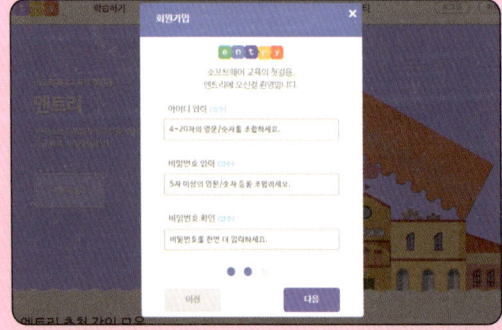

④ 작품을 공유하고 싶은 학급을 선택하고, 성별을 입력합니다. 메일을 반드시 입력하지 않아도 됩니다. 자동입력방지 문자까지 입력했다면 다음 버튼을 클릭합니다.

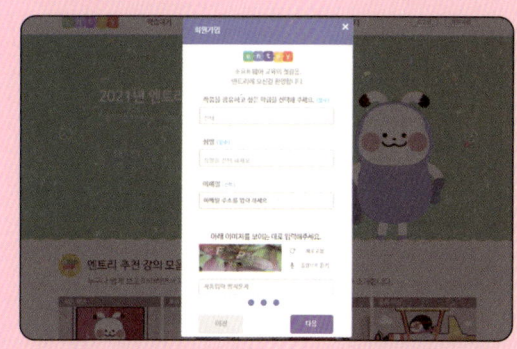

⑤ 회원가입이 완료되었다면 확인 버튼을 클릭하고 로그인을 합니다.

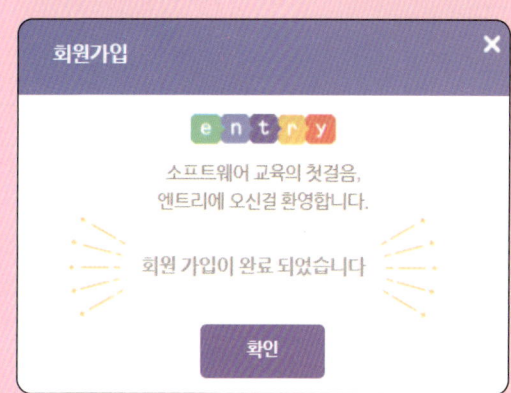

⑥ 로그인을 한 상태에서 상단 메뉴에 있는 '만들기'에서 [작품 만들기]를 선택합니다.

⑦ 엔트리 프로그램을 만들 수 있는 화면이 등장합니다.

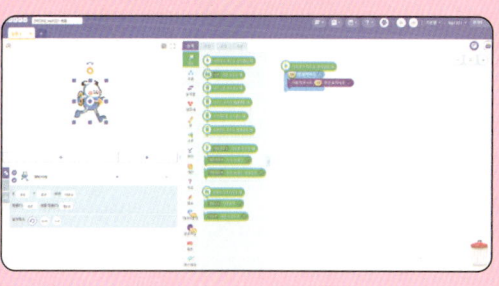

인공지능

⑧ 블록 카테고리 중 <인공지능>을 클릭하면 <인공지능 블록 불러오기>와 <인공지능 모델 학습하기> 버튼이 보입니다. <인공지능 블록 불러오기>를 클릭합니다.

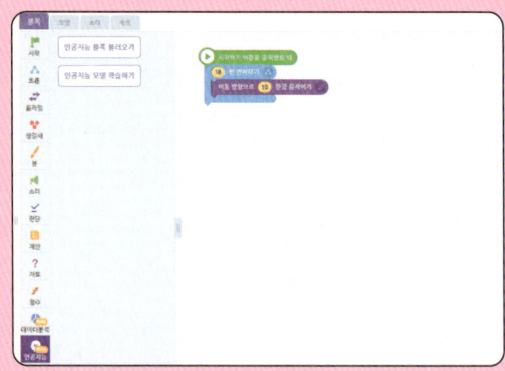

⑨ 번역, 비디오 감지, 오디오 감지, 읽어주기와 같은 인공지능 기술을 활용한 블록을 활용할 수 있습니다.

⑩ 이번에는 <인공지능 모델 학습하기>를 클릭합니다.

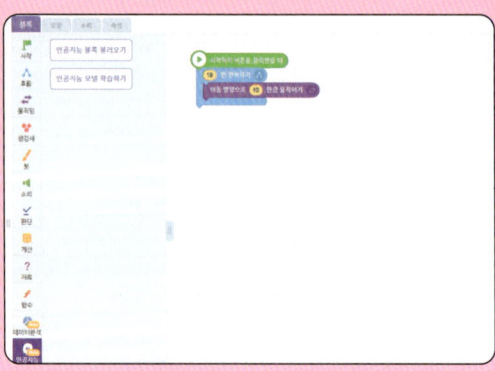

⑪ 분류: 이미지, 분류: 텍스트, 분류: 음성, 분류: 숫자, 예측: 숫자, 군집: 숫자와 같은 인공지능 모델을 만들 수 있습니다.

읽을거리

인공지능의 빛과 그림지

  인공지능이란 인간의 학습 능력, 추론 능력, 지각 능력 등을 인공적으로 구현한 컴퓨터 프로그램 또는 이를 포함한 컴퓨터 시스템을 말합니다. 이런 인공지능의 기술은 이미 우리가 모르는 사이 우리 일상생활은 물론 의료, 운송, 통신에 이르기까지 다양한 산업에 적용되고 있습니다.

  예를 들어 인공지능 스피커는 사용자의 질문을 인식하고 서버에 질문을 보낸 뒤 질문을 단어 단위로 추출합니다. 추출 해낸 단어와 연결되는 데이터를 찾고, 그 데이터를 기반으로 대답할 내용을 스피커에 전달해 전달받은 내용을 사용자에게 알려주는 것이죠. 또 인공지능의 기술을 이용해 폐 질환, 유방암, 치매 등의 질환을 정확하고 빠르게 진단하고 있으며 효과적으로 치료가 가능하도록 보조해 주는 소프트웨어들도 속속 등장하고 있습니다. 인공지능을 통해 진단의 정확도를 높이고, 진단 시간과 비용까지 현저히 줄일 수 있을 뿐 아니라 개인에 최적화된 맞춤형 의료 서비스를 통해 한층 더 인간의 삶을 윤택하게 해주고 있습니다.

  하지만 이런 편리함과 유용성 이면에는 인공지능 기술의 발전이 가져다주는 부정적인 영향 또한 있음을 잊지 말아야 합니다. 예를 들어 MS에서 개발한 AI 챗봇인 테이가 예측하지 못한 막말로 논란을 일으킨 적이 있습니다. 인공지능의 사고가 편향되어 있지만 이를 미리 알 수 없고, 이는 곧 인공지능을 통제할 수 없음을 의미합니다.

  이런 불안전한 인공지능과 통제의 어려움은 인류 전체의 안전을 위협하는 결과를 초래할 수도 있습니다. 실제 2016년 로봇 경찰이 어린이를 공격해 다치게 한 사례도 이와 같은 맥락으로 생각해 볼 수 있지요. 그렇다면 우리는 인공지능을 어떻게 사용해야 할까요? 인공지능의 장점은 잘 활용하되, 인간에게 미칠 수 있는 부정적인 면은 최소화될 수 있도록 미리 대비해야 합니다. 예측 가능한 여러 가지 문제에 대해 사회적 합의를 이끌어내고 법적, 윤리적인 대책을 마련해 인간의 삶을 더욱 풍요롭고 안전하게 할 수 있도록 해야겠습니다.

2 내 친구, 번역 챗봇

인공지능 번역 또는 더빙 프로그램을 이용해 본 적이 있나요? 인공지능 기술을 활용하면 자연스러운 번역 및 더빙이 가능합니다.

무엇을 배울까?

1. 대화 의도를 파악하는데 필요한 텍스트 데이터를 수집해 봅시다.
2. 컴퓨터를 학습시켜 번역 챗봇 머신러닝 모델을 만들어 봅시다.
3. 완성한 머신러닝 모델을 활용해 대화의 의도를 파악하고, 사용자가 번역하기를 원하는 말을 번역해 알려주는 인공지능 프로그램을 만들어 봅시다.

오브젝트 목록	
[장면1]	
1	엔트리봇 표정
2	글상자 오브젝트 : 내 친구
3	글상자 오브젝트 : 번역 챗봇
[장면2]	
1	속이 빈 사각형
2	글상자 오브젝트 : 번역 챗봇

22

Coding School

번역과 읽어주기 기능을 활용한 인공지능 번역 프로그램을 만들어 봅시다.

번역 챗봇 프로그램임을 알리는 오브젝트입니다. 특별한 동작 없이 화면 디자인을 위해 추가합니다.

대답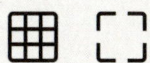

Q1 텍스트로 머신러닝 모델을 만드는 이유는 무엇인가요?

사용자가 입력하는 텍스트의 의미를 파악하기 위해서입니다. 인사하는 말인지, 번역하는 말인지 등을 먼저 확인하기 위해 사용합니다.

Q2 인사, 번역, 기타로 나누어 대화의 의도를 파악하고 있는데 다른 의도를 추가해도 되나요?

물론입니다. 대화의 의도를 보다 정확하게 파악하기 위해서는 다양한 대화 의도를 추가하고 많은 텍스트 데이터를 입력하는 것이 좋습니다.

글상자 오브젝트로 마우스 포인터를 가까이 다가가면 오브젝트의 크기가 커집니다. 오브젝트를 눌러 다음 장면으로 넘어가도록 안내하는 역할을 합니다.

인공지능

머신러닝 모델을 만들어요

01 인공지능 카테고리에서 [인공지능 블록 불러오기]를 클릭한 뒤 [번역]과 [읽어주기]를 추가합니다.

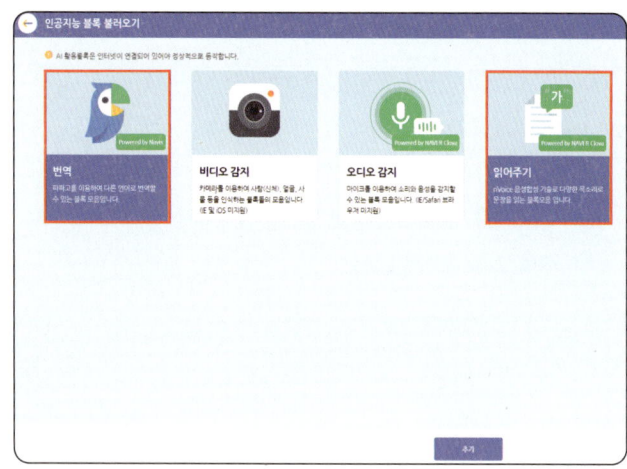

02 [인공지능 모델 학습하기]에서 [분류: 텍스트]를 선택한 뒤 [학습하기]를 클릭합니다.

03 머신러닝 모델의 이름을 '번역 챗봇'으로 정한 뒤, 클래스 1을 추가합니다. 클래스 이름과 인사와 관련된 텍스트 데이터를 다음과 같이 입력합니다.

- 머신러닝 모델의 이름을 입력
- 클래스 1의 이름을 입력
- 인사와 관련된 텍스트 데이터를 입력

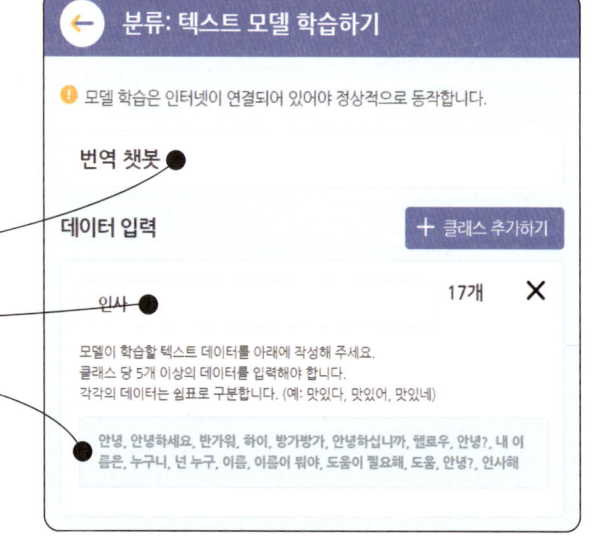

TIP 데이터는 많으면 많을 수록 좋습니다.

04 클래스 2와 3도 추가하고, 각각 클래스 이름과 텍스트 데이터를 다음과 같이 입력합니다.

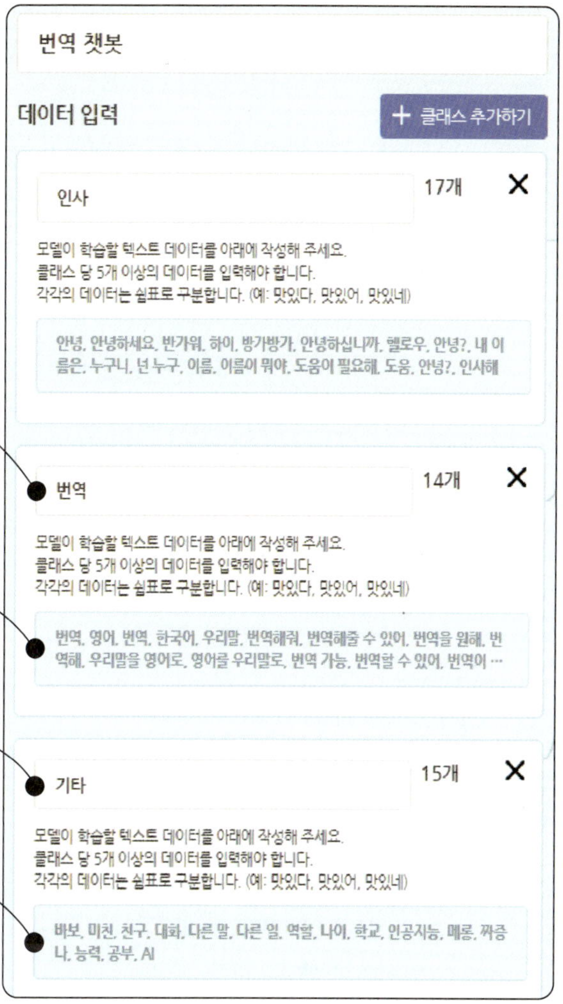

- 클래스2의 이름을 입력
- 번역과 관련된 텍스트 데이터를 입력
- 클래스3의 이름을 입력
- 인사, 번역과 관련된 것 외에 다른 텍스트 데이터를 입력

05 '학습' 창에서 [모델 학습하기]를 클릭한 뒤, '결과' 창에 텍스트를 입력하여 머신러닝 모델이 잘 만들어졌는지 확인합니다.

- 학습하지 않은 텍스트 데이터를 입력해 결과를 확인
- 결과를 확인한 뒤, 클릭

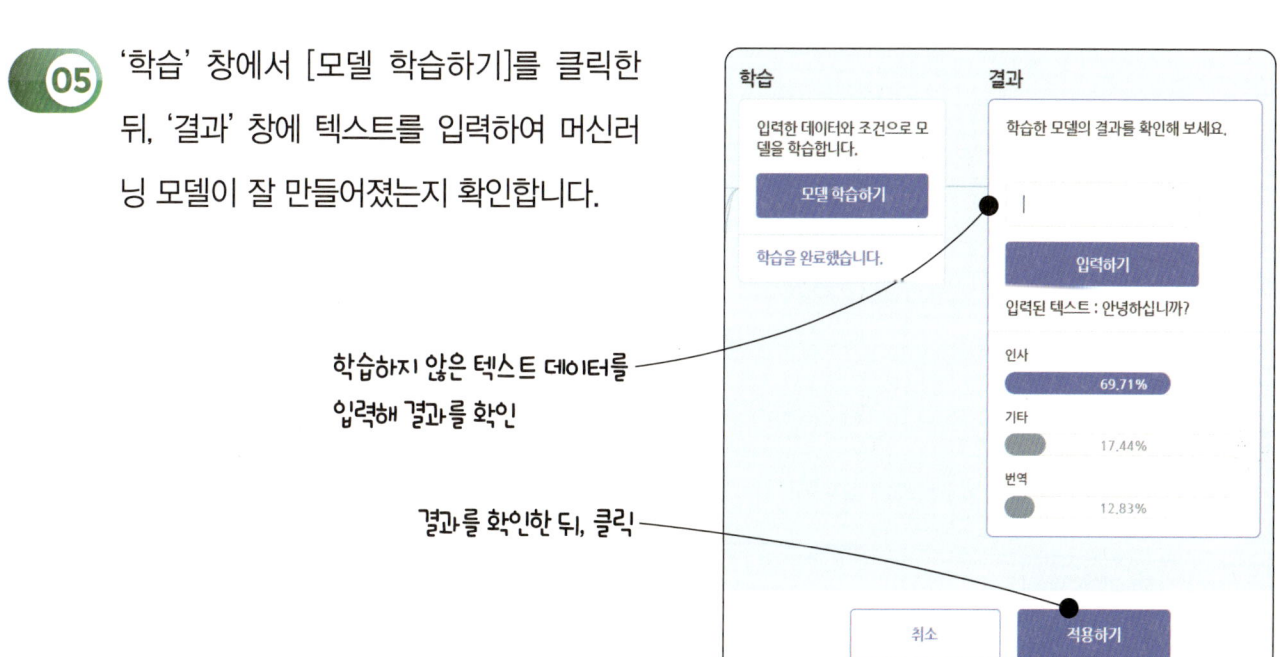

인공지능

번역 챗봇 프로그램을 시작해요

01 [장면 1]에 다음과 같이 오브젝트를 추가하고 실행화면에 적절한 크기와 위치로 배치합니다.

'엔트리봇 표정' 오브젝트
'글상자' 오브젝트

02 '번역 챗봇' 글상자 오브젝트에 마우스 커서를 가까이 가져가면 글상자 오브젝트가 커지고 멀어지면 글상자 오브젝트가 작아지도록 코딩합니다.

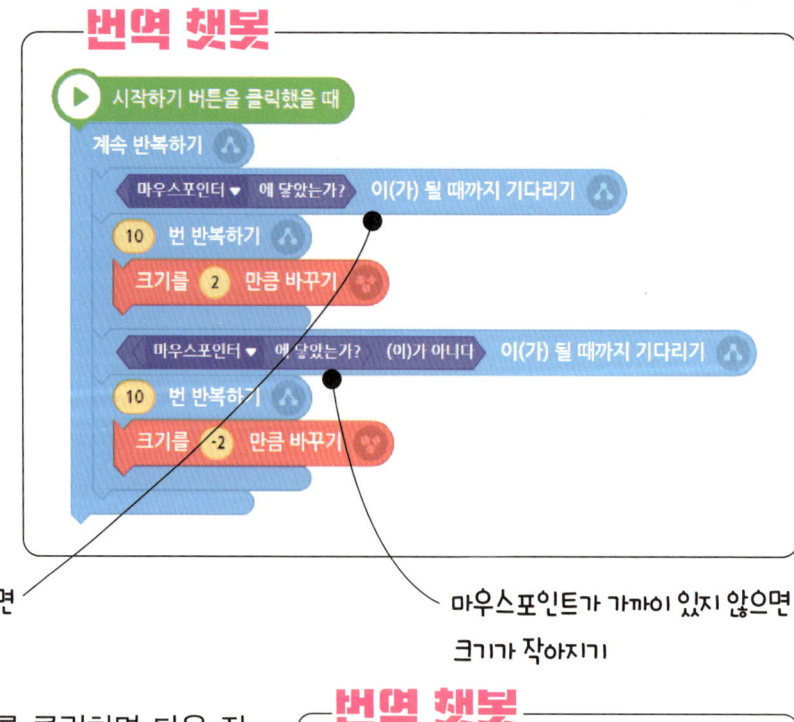

마우스포인트가 가까이 있으면 크기가 커지기

마우스포인트가 가까이 있지 않으면 크기가 작아지기

03 '번역 챗봇' 글상자 오브젝트를 클릭하면 다음 장면으로 넘어가도록 코딩합니다.

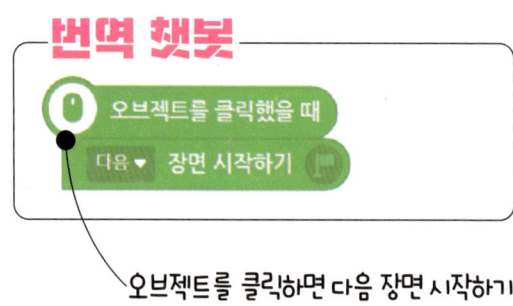

오브젝트를 클릭하면 다음 장면 시작하기

대화 의도를 파악하고 번역해요

01 [장면2]에 다음과 같이 오브젝트를 추가하고 실행화면에 적절한 크기와 위치로 배치합니다.

'글상자' 오브젝트
'속이 빈 사각형' 오브젝트

02 코드를 작성하기 전 [속성] 탭에서 [변수 추가하기]를 클릭해 필요한 변수를 추가합니다.

변수의 이름을 '번역 내용'으로 입력

27

인공지능

03 [신호]를 선택한 뒤, [신호 추가하기]를 클릭해 다음과 같이 신호를 추가합니다.

신호의 이름을 각각 입력

사용자가 텍스트를 입력하도록 묻기

사용자가 입력한 대답의 의도를 학습한 모델로 분류하기

분류 결과가 '인사'라면 '인사' 신호 보내기

분류 결과가 '번역'이라면 '번역' 신호 보내기

분류 결과가 인사도 번역도 아니면 '기타' 신호 보내기

04 '번역챗봇' 글상자 오브젝트를 선택하고 장면이 시작되면 챗봇이 먼저 인사를 하며 대화를 이끌어 가도록 코딩합니다.

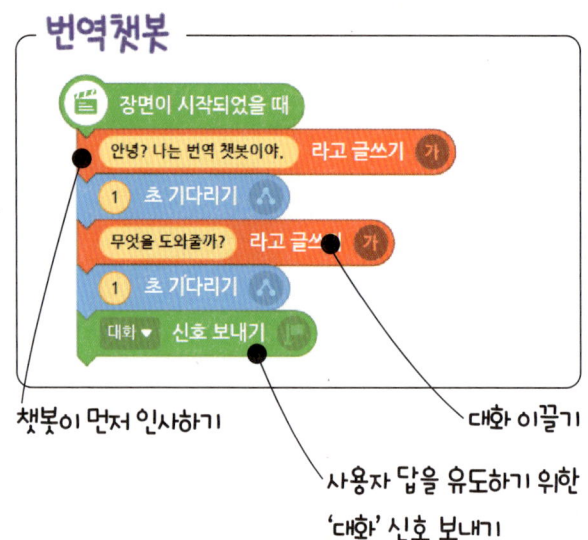

챗봇이 먼저 인사하기

대화 이끌기

사용자 답을 유도하기 위한 '대화' 신호 보내기

05 '속이 빈 사각형' 오브젝트를 선택한 상태에서 '대화' 신호를 받았을 때 사용자에게 질문에 대답을 입력하고 입력 받은 대답 값을 학습한 모델로 분류하도록 코딩합니다.

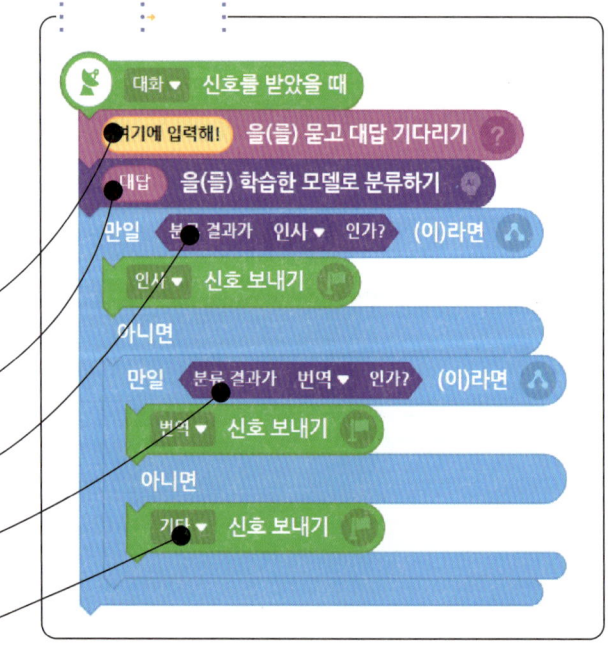

06 각 신호를 받았을 때 대화를 계속 이어가는 신호를 보내거나 번역을 도와주기 위한 신호를 보내도록 코딩합니다.

‘인사’ 신호를 받았을 때 인사를 하고 다시 대화를 이어가기

‘번역’ 신호를 받았을 때 번역하기를 원하는 말을 입력하라고 하고 ‘번역입력’ 신호 보내기

‘기타’ 신호를 받았을 때 이해하기 어렵다 말하고 번역 챗봇임을 다시 한번 강조한 뒤 대화 이어가기

07 ‘번역입력’ 신호를 받았을 때 사용자가 번역하기를 원하는 문장을 입력받기 위해 질문하도록 코딩합니다.

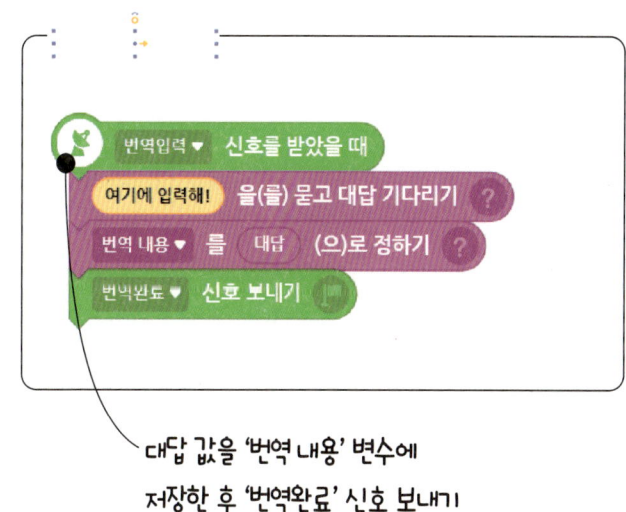

대답 값을 ‘번역 내용’ 변수에 저장한 후 ‘번역완료’ 신호 보내기

인공지능

08 각 신호를 받았을 때 대화를 계속 이어가는 신호를 보내거나 번역을 도와주기 위한 신호를 보내도록 코딩합니다.

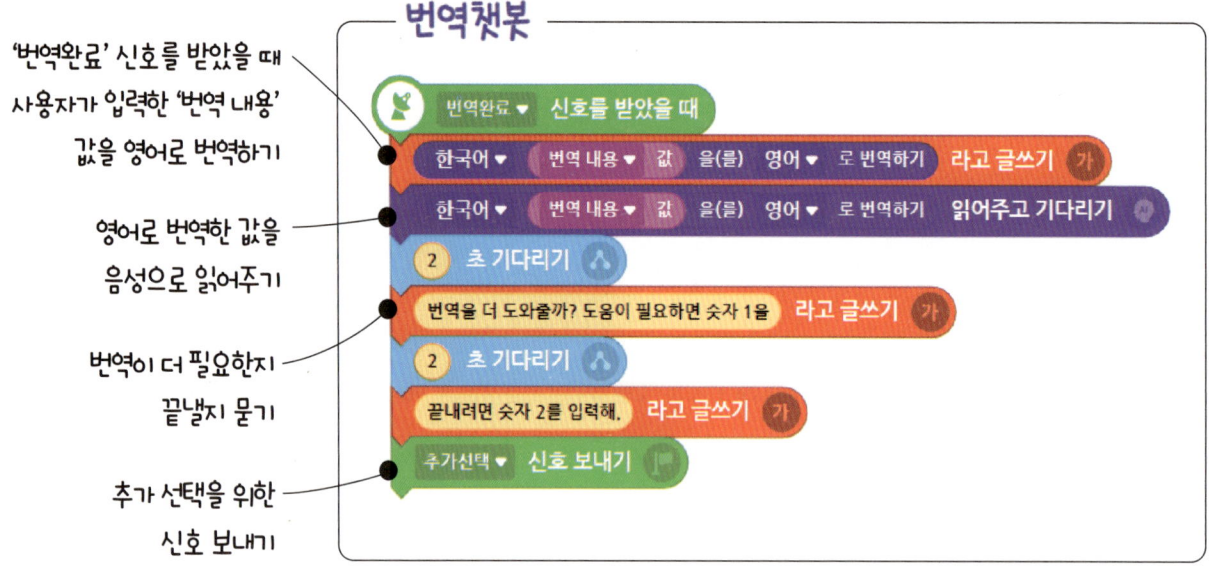

09 '추가선택' 신호를 받았을 때 사용자의 입력 값을 받기 위해 묻습니다. 그리고 결과에 따라 각각의 신호를 보내도록 코딩합니다.

10 끝인사 신호를 받았을 때 마무리하는 인사를 하도록 코딩합니다.

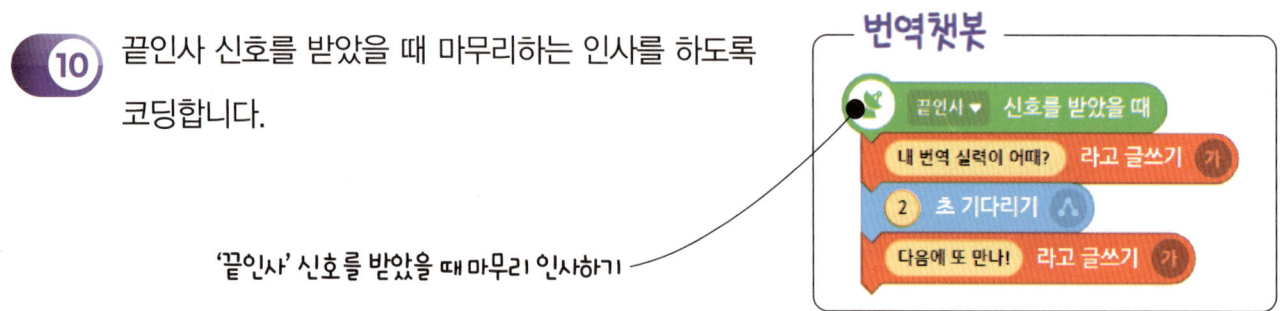

알아보기

① '속이 빈 사각형' 오브젝트가 실행화면에서 불투명한 흰색 사각형으로 보이도록 다음과 같은 과정으로 수정합니다.

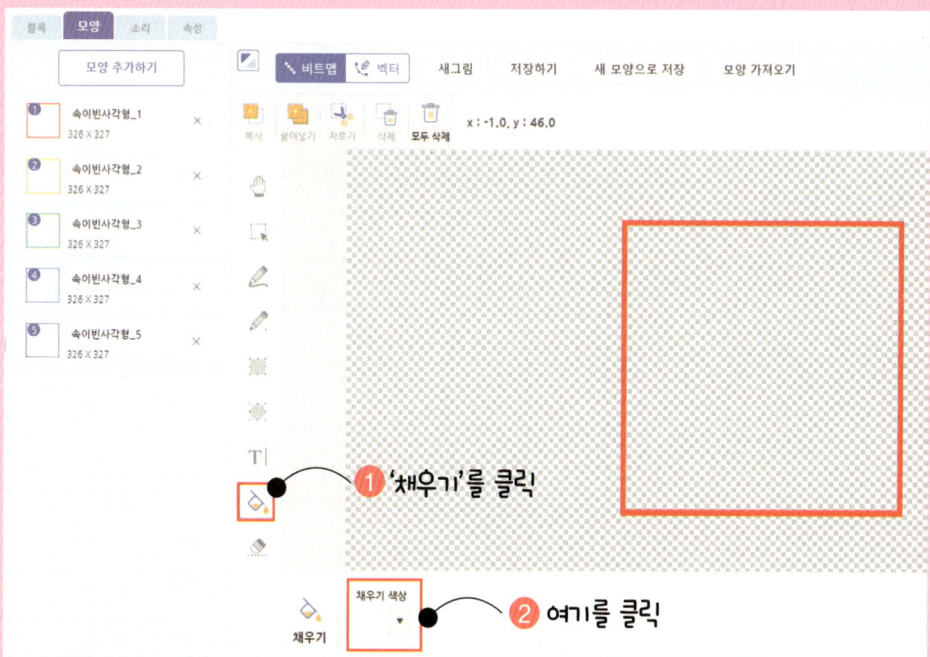

② 채우기 색을 '흰색'으로 선택한 뒤, 모양을 저장합니다.

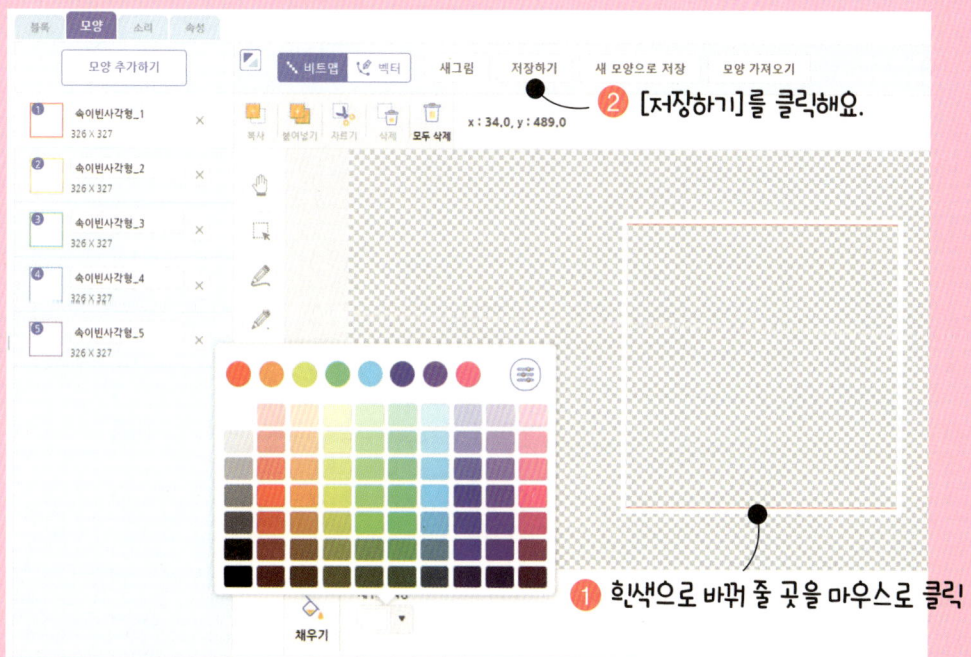

인공지능

도전하기

작품 주소 http://naver.me/FRDZRZ58

<내 친구, 번역 챗봇> 프로그램에 코드를 추가해 한국어를 영어로 또는 영어를 한국어로 번역해 주는 프로그램을 만들어 봅시다.

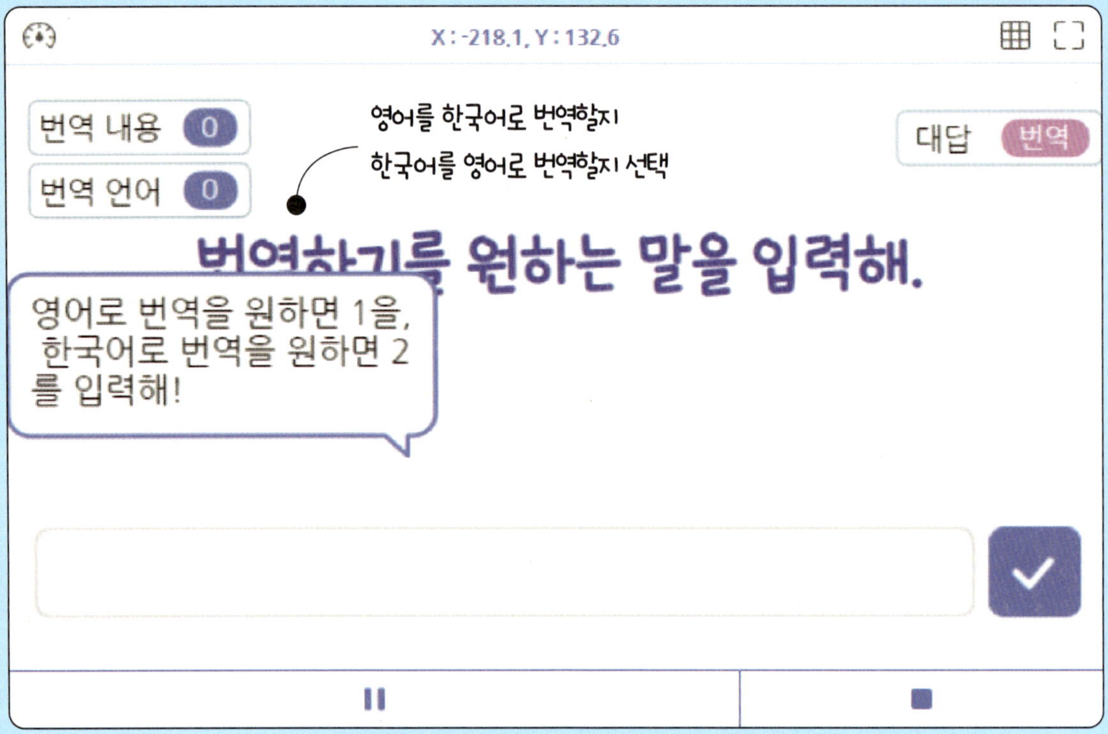

영어를 한국어로 번역할지, 한국어를 영어로 번역할지 선택

번역하기를 원하는 말을 입력해.

영어로 번역을 원하면 1을, 한국어로 번역을 원하면 2를 입력해!

Mission 01 선택한 '번역 언어' 값을 저장할 변수를 추가해요.

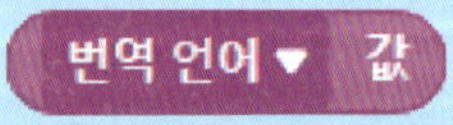

`번역 언어 ▼ 값`

Mission 02 원하는 번역 언어 값이 영어인지, 한국어인지 판단하는 코드가 필요해요.

`번역 언어 ▼ 값 = 1`

Mission 03 영어를 한국어로 번역하는 코드를 추가해요.

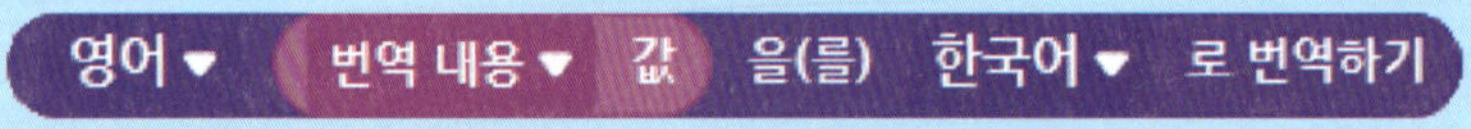

`영어 ▼ 번역 내용 ▼ 값 을(를) 한국어 ▼ 로 번역하기`

읽을거리

인간과 기계의 만남, 챗봇

챗봇을 사용해 본 경험이 있나요? 묻는 말에 적절한 대답을 하기도 하고, 사용자가 요청한 일을 처리해 주기도 하는 챗봇은 이미 우리 생활의 일부가 되었습니다. 챗봇이 사람과 대화를 하기 위해서는 다음과 같은 3가지 일을 할 수 있어야 합니다. 첫째는 사용자의 입력 값을 특정 패턴으로 추출할 수 있어야 하며 둘째는 그 의미를 해석할 수 있어야 합니다. 셋째는 파악한 의도에 따라 적절한 응답 또는 출력을 제공할 수 있어야 합니다.

예를 들어 사용자가 "일요일에 문을 여는 종로 맛집 알려줘."라고 말했다면 챗봇은 이 문장 속에서 의도와 엔티티를 파악합니다. 의도는 사용자의 목적을 뜻하는 것으로 여기서는 음식집 리스트를 불러오는 것에 해당합니다. 엔티티는 사용자의 의도를 설명하는 추가적인 정보로서 여기서는 종로, 일요일, 맛집과 같은 정보들이 이에 해당합니다. 이런 정보들을 이용해 챗봇은 적절한 응답을 할 수 있어야 하는 것이죠.

이렇게 음성으로 또는 텍스트로 언제 어디서든 도움을 받을 수 있는 챗봇 서비스, 편리한 만큼 생각해야 할 윤리적인 문제도 있습니다. 예를 들어 사용자가 모욕적인 말을 건네는 경우 챗봇이 이를 무시하거나 모른척 하는 것만이 최선은 아닐 겁니다. 실제 챗봇이 아닌 인간 상담원에게 이런 행동을 할 경우 법적으로 처벌을 받기도 하는데 챗봇이라고 그냥 넘어가야할지는 윤리적, 법적으로 다시 생각해 볼 문제라고 할 수 있습니다.

또한 챗봇과 대화를 하는 중에 사용자 자신에 대한 개인 정보를 무분별하게 알려주는 경우가 있을 수 있습니다. 맞춤형 서비스를 제공한다는 이유에서지만 과도한 개인 정보 유출은 또 다른 문제를 야기할 수 있으므로 반드시 주의해야 합니다. 이외에도 영화처럼 챗봇을 마치 사람처럼 여겨 정서적으로 너무 의지하는 경우 실제 사람이 아니므로 도움을 줄 수 없는 부분이 발생했을 때 문제가 될 수 있음을 잊지 말아야겠습니다.

3
음성인식 자막 서비스

인공지능 스피커를 사용해 본 적이 있나요? 음성으로 라디오를 켜거나 끌 수 있고, 날씨부터 맛집 검색까지 목소리 하나만으로 충분

무엇을 배울까?

1. 오디오 감지와 읽어주기 인공지능 블록을 추가합니다.
2. 자막으로 바꾸기 원하는 말을 음성으로 말합니다.
3. 음성을 문자로 바꾸고, 그 값을 화면에 자막으로 보이는 프로그램을 완성합니다.

오브젝트 목록	
[장면1]	
1	미래도로
2	글상자 오브젝트 : AI
3	글상자 오브젝트 : 음성을 자막으로 바꾼다
4	글상자 오브젝트 : 서비스 시작하기
5	사각형 오브젝트
[장면2]	
1	미래도시
2	글상자 오브젝트 : 음성을 자막으로 바꾸는 서비스를 시작합니다
3	글상자 오브젝트 : 자막 서비스

이 사각형 오브젝트는 무작위수로 이동하며 계속해서 복제본을 만들어, 움직이는 효과를 만듭니다.

34

합니다. 엔트리의 오디오 감지 기능을 활용해 인공지능 음성인식 프로그램을 만들어 봅시다.

Q1 음성을 자막으로 바꾸는 프로그램이 왜 필요한가요?
듣기에 어려움이 있는 사람들을 위해 이와 같은 자막 프로그램이 필요합니다. 또한 자막을 사용하면 내용을 보다 정확하게 전달할 수 있습니다.

Q2 반대로 자막을 음성으로 바꿔서 읽을 수도 있나요?
물론입니다. 엔트리의 '읽어주기' 기능을 사용하면 문자를 음성으로 바꿔서 읽을 수도 있습니다.

글상자 오브젝트를 오브젝트를 클릭하면 다음 장면으로 넘어갑니다.

인공지능

인공지능 블록과 오브젝트를 추가해요

01 인공지능 카테고리에서 [인공지능 블록 불러오기]를 클릭한 뒤 [오디오 감지]와 [읽어주기]를 추가합니다.

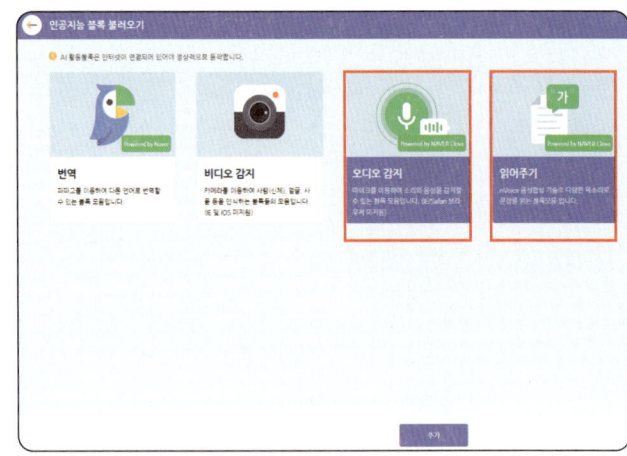

02 [장면 1]에 다음과 같이 오브젝트를 추가하고 실행화면에 적절한 크기와 위치로 배치합니다.

'글상자' 오브젝트
'미래도로' 배경 오브젝트
'사각형' 오브젝트

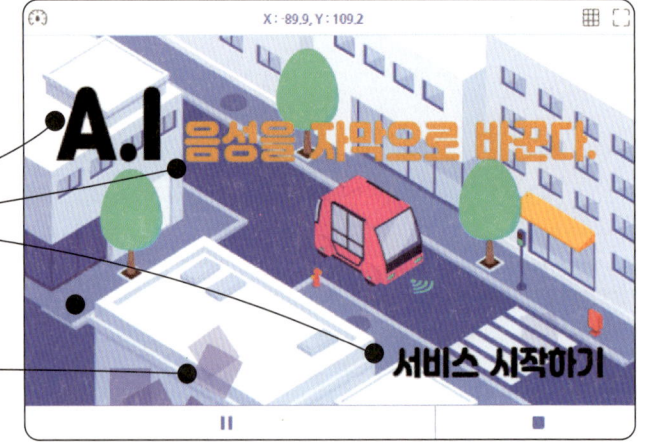

03 [장면 2]에 다음과 같이 오브젝트를 추가하고 실행화면에 적절한 크기와 위치로 배치합니다.

'미래도시' 배경 오브젝트
'글상자' 오브젝트

음성인식 자막 서비스 프로그램을 만들어요

01 '사각형' 오브젝트가 계속해서 자신의 복제본을 만들되 무작위 위치에서 시작하도록 코딩합니다.

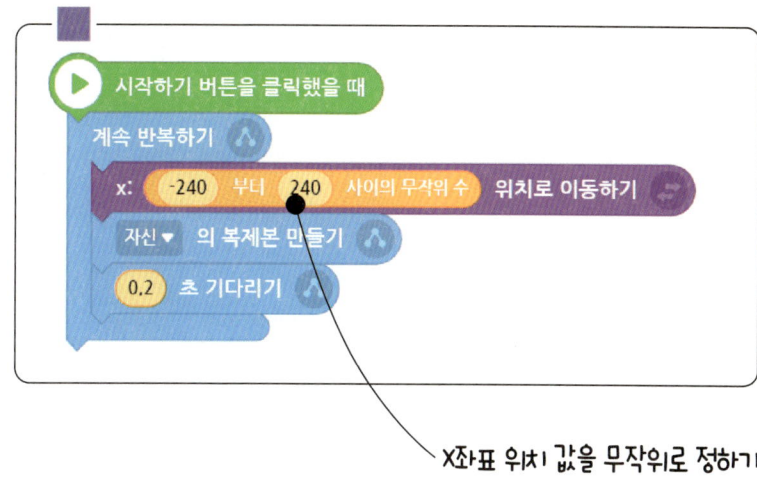

X좌표 위치 값을 무작위로 정하기

02 복제된 오브젝트가 위로 올라가면서 회전하되 점점 투명해지면서 사라지도록 코딩합니다.

복제본이 처음 생성되었을 때 위로 1도씩 올라가며 오브젝트의 방향으로 2도씩 회전하기

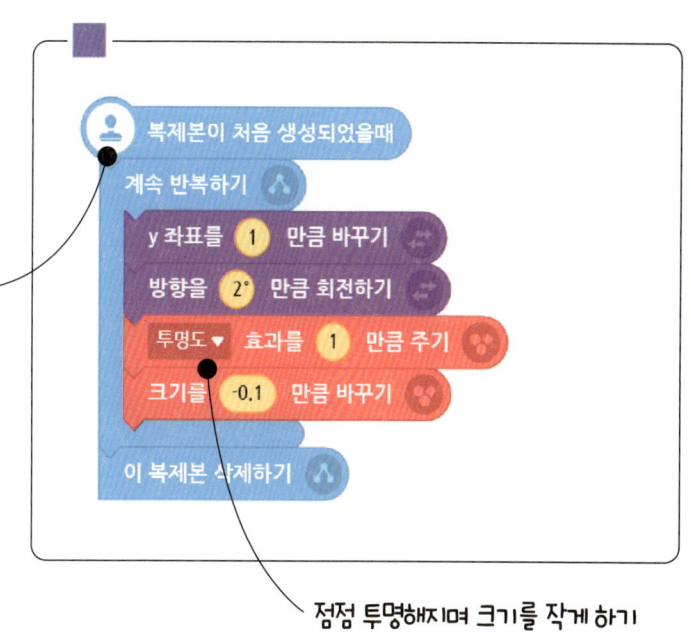

점점 투명해지며 크기를 작게 하기

03 이 '글상자' 오브젝트를 클릭하면 다음 장면으로 넘어가도록 코딩합니다.

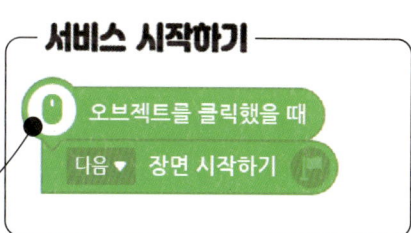

오브젝트를 클릭하면 다음 장면 시작하기

인공지능

04 '장면 2'의 '글상자' 오브젝트를 사용하기 위해 [속성] 탭에서 [신호]를 선택하고 다음과 같이 신호를 추가합니다.

신호 이름을 '서비스 시작'으로 입력

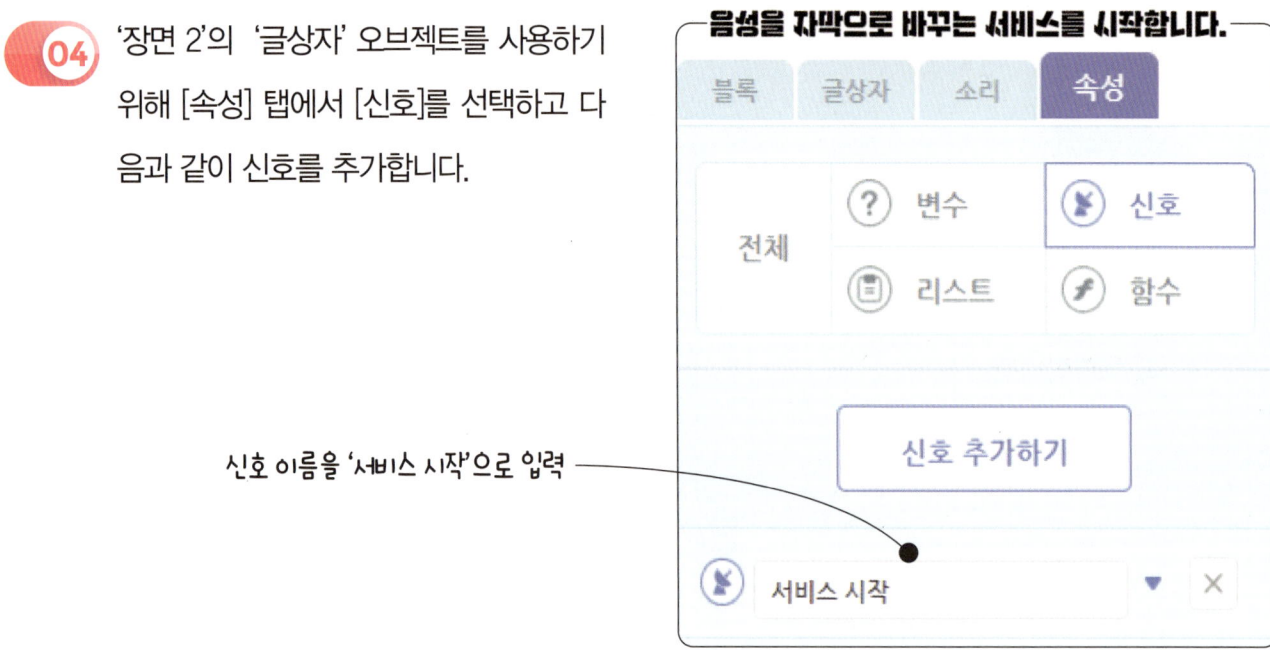

05 장면이 시작되었을 때 이 '글상자' 오브젝트의 글씨 색깔을 바꾸고 다른 '글상자' 오브젝트에 신호를 보내도록 코딩합니다.

장면이 시작되면 2초 후 글씨 색을 빨간색으로 바꾸고 '서비스 시작' 신호를 보내기

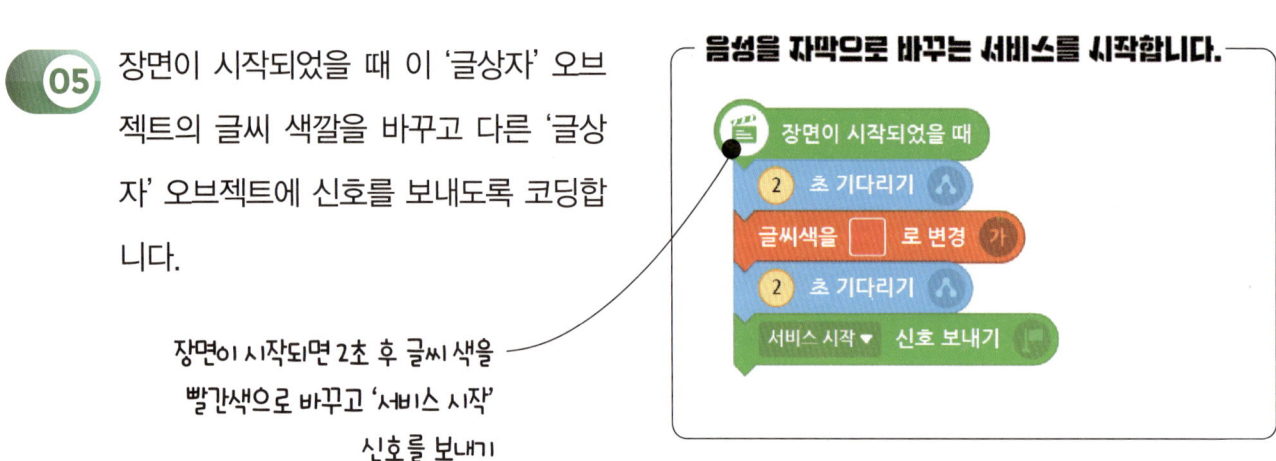

06 장면이 시작되었을 때 이 '글상자' 오브젝트의 모양을 숨기도록 코딩합니다.

장면이 시작되면 모양 숨기기

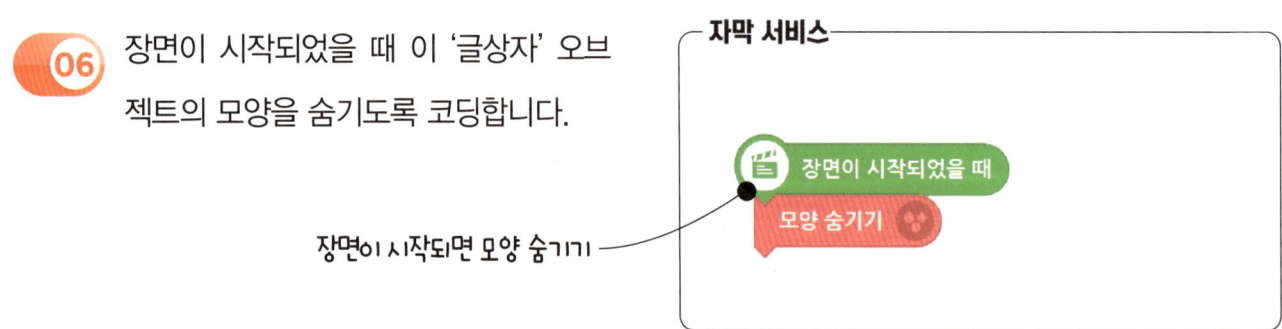

07 '서비스 시작' 신호를 받으면 먼저 자막 서비스를 음성으로 안내합니다. 마이크가 연결되면 음성인식을 시작해 음성을 문자 값으로 바꿀 수 있는 자막 서비스를 시작합니다.

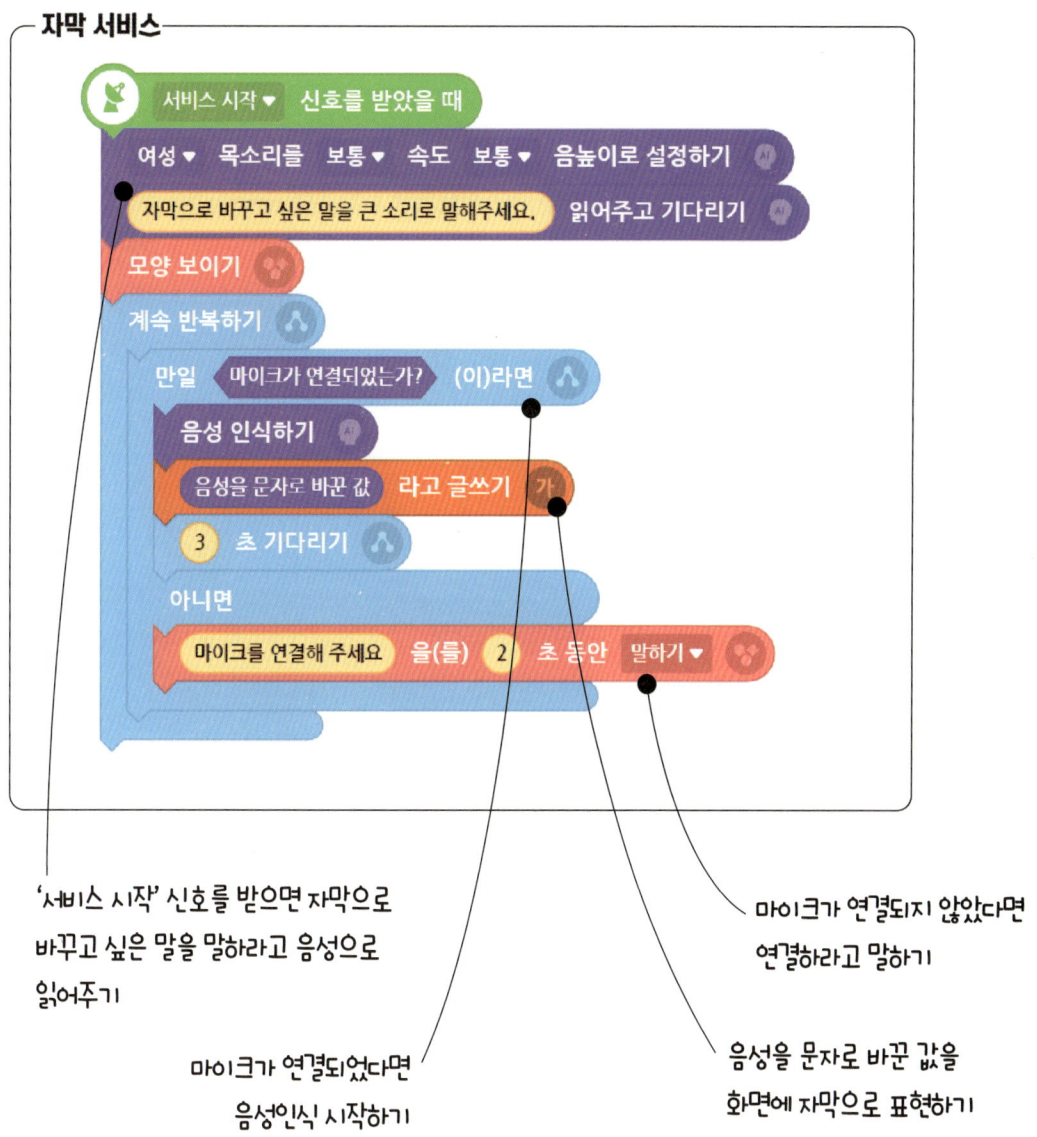

인공지능

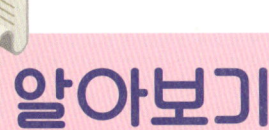

알아보기

컴퓨터의 처리 속도는 매우 빠르기 때문에 프로그램을 실행할 때, 우리의 속도에 컴퓨터를 맞추려면 '기다리기' 블록을 사용해야만 원하는 대로 결과를 얻을 수 있습니다.

① 음성을 문자로 바꾼 값을 자막으로 보여준 뒤, 다시 음성인식을 반복하려면 잠깐 시간 여유를 두어야 합니다. 여유 시간이 없다면, 프로그램이 음성인식을 정확하게 하지 못할 것입니다.

```
계속 반복하기
    만일 <마이크가 연결되었는가?> (이)라면
        음성 인식하기
        (음성을 문자로 바꾼 값) 라고 글쓰기
        3 초 기다리기
    아니면
        마이크를 연결해 주세요 을(를) 2 초 동안 말하기
```

② 음성인식뿐만 아니라 비디오 감지 블록을 활용한 영상인식에서도 '기다리기' 블록을 사용하여 컴퓨터 실행에 여유시간을 주어야 합니다.

```
계속 반복하기
    만일 <사물 중 공▼ (이)가 인식되었는가?> (이)라면
        공▼ 신호 보내기
    만일 <사물 중 사과▼ (이)가 인식되었는가?> (이)라면
        사과▼ 신호 보내기
    2 초 기다리기
```

작품 주소 http://naver.me/IFjvCT5q

도전하기

<음성인식 자막 서비스> 프로그램에 코드를 추가해 마이크 소리 크기 값이 화면에서도 확인할 수 있도록 프로그램을 만들어봅시다.

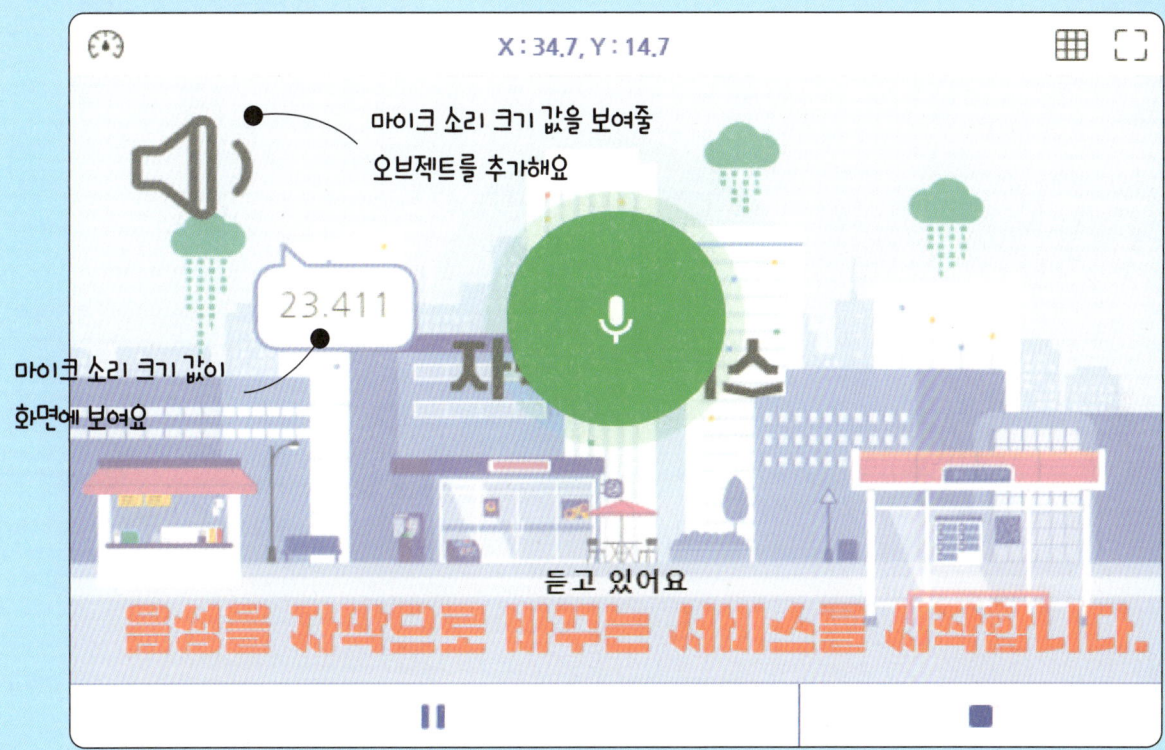

Mission 01 마이크 소리 크기 값을 보여줄 오브젝트를 추가해요.

Mission 02 마이크 소리 크기 값 블록이 필요해요.

　　　　　마이크 소리크기

Mission 03 마이크 소리 크기 값을 화면에 보이게 해요.

　　　　　10 을(를) 말하기▼

4

사물 인식 게임

인공지능이 사물을 인식할 수 있다는 사실을 알고 있나요? 어떤 사물인지 판단해 분류하거나 위험한 사물인 경우 알려서 사람들의

무엇을 배울까?

1. 비디오 감지와 읽어주기 인공지능 블록을 추가합니다.
2. 화면에 보이는 사물을 찾아 직접 인식합니다.
3. 화면에 제시된 사물을 찾아 인식시켰을 때 점수를 얻는 프로그램을 완성합니다.

오브젝트 목록	
1	글상자 오브젝트 : 사물인식 게임
2	여러 가지 사물 오브젝트 : 물음표 버튼, 스마트폰, 컵, 오렌지, 물병, 화분
3	속이 빈 원

사물 오브젝트는 무작위 모양으로 바뀌며 찾아야 하는 사물을 알려줍니다.

안전에 도움을 주기도 합니다. 엔트리의 비디오 감지 기능을 활용해 인공지능 사물인식 프로그램을 만들어 봅시다.

Q1 모든 사물을 다 인식시킬 수 있나요?
그렇지 않습니다. 엔트리의 비디오 감지 블록을 활용해 인식할 수 있는 사물의 종류는 정해져 있습니다.

Q2 사람을 인식할 수도 있나요?
물론입니다. 엔트리의 비디오 감지 블록을 활용하면 사람, 얼굴, 사물 등을 인식할 수 있습니다.

속이 빈 원 오브젝트는 찾은 사물을 속이 빈 원 속에 위치시켜 사물 인식이 쉽도록 도와줍니다.

인공지능

인공지능 블록과 오브젝트를 추가해요

01 인공지능 카테고리에서 [인공지능 블록 불러오기]를 클릭한 뒤 [비디오 감지]와 [읽어주기]를 추가합니다.

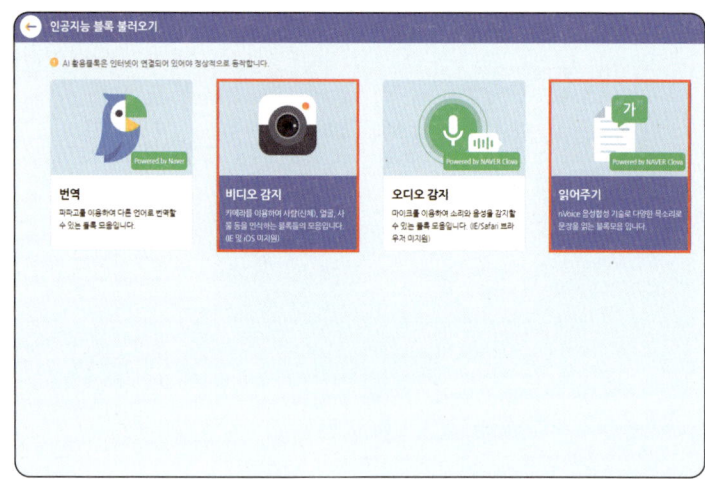

02 다음과 같이 오브젝트를 추가하고 실행화면에 적절한 크기와 위치로 배치합니다.

- '글상자' 오브젝트
- '속이 빈 원' 오브젝트
- '물음표 버튼' 오브젝트

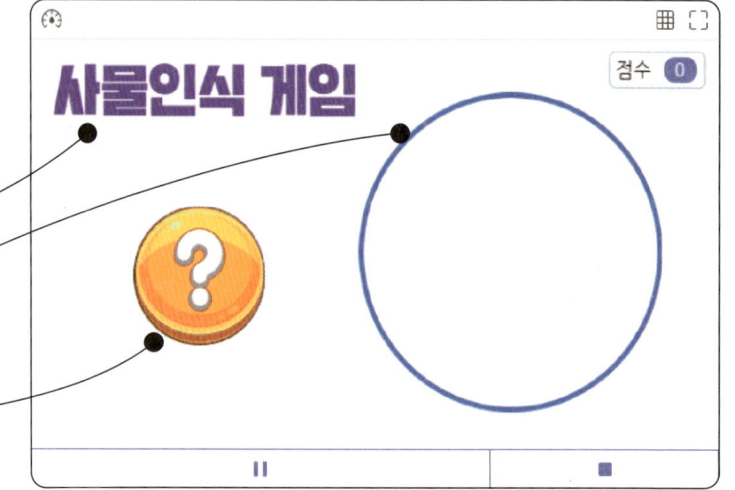

03 '물음표 버튼' 오브젝트를 선택한 상태에서 [모양] 탭으로 가서 [모양 추가하기]를 클릭합니다.

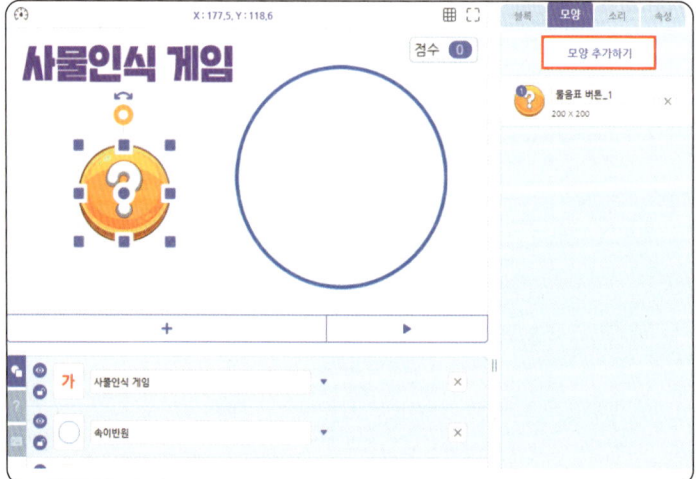

44

04 '사물 찾기' 게임에 필요한 오브젝트 5개를 '물음표 버튼' 모양 아래에 추가합니다.

초록 컵, 팬지 화분, 스마트폰, 오렌지, 물병을 추가

05 [모양] 탭에서 '물음표 버튼' 모양 아래에 추가된 사물 오브젝트들을 확인할 수 있습니다.

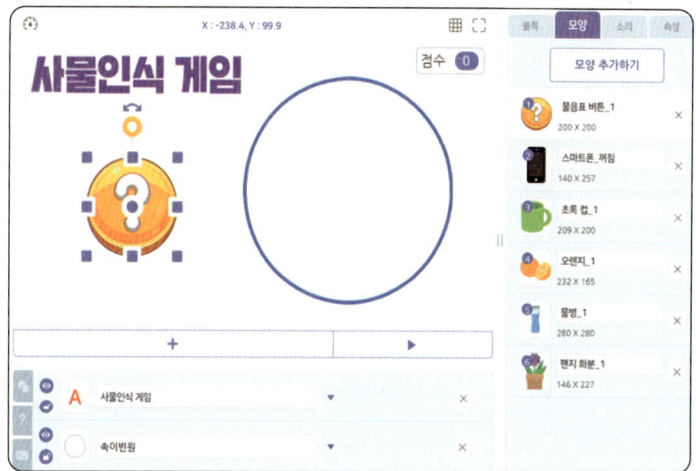

인공지능

사물인식 게임 프로그램을 만들어요

01 '물음표 버튼' 오브젝트를 선택한 상태에서 다음과 같이 코딩합니다.

- 다음과 같이 목소리를 설정하고 사물인식 게임이 시작됨을 알리기
- 비디오 투명도 효과를 0으로 설정해 비디오 화면이 선명하게 보이도록 하기

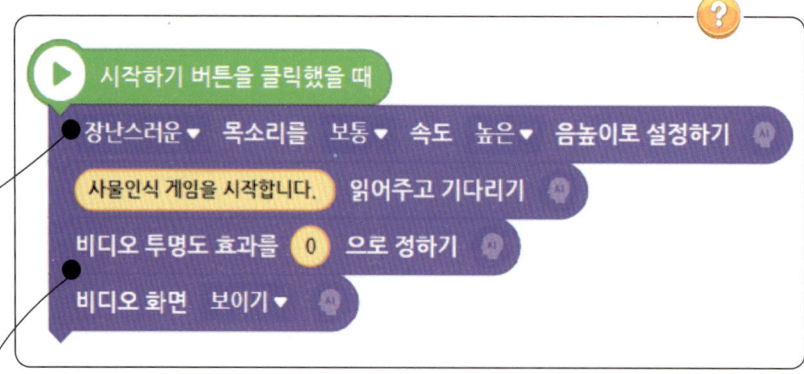

02 [속성] 탭에서 [변수 추가하기]를 클릭해 '점수'와 '사물' 변수를 다음과 같이 추가합니다.

- 해당 변수 보이기
- 해당 변수 숨기기

03 '물음표 버튼' 오브젝트를 선택한 상태에서 01번에서 만든 코드 아래에 다음 코드를 추가합니다.

- 총 5개의 사물인식 문제를 내되 문제를 내기전 항상 물음표 버튼이 보이도록 하기
- 다음에 보이는 사물을 찾으라고 음성으로 알리기
- 1번 모양인 물음표 버튼을 제외하고 2번 모양부터 6번까지의 모양 중 1개를 무작위로 선택한 다음, 그 모양으로 바꾸기
- 사물인식 시작하고, 인식할 시간을 주기 위해 2초 기다리기

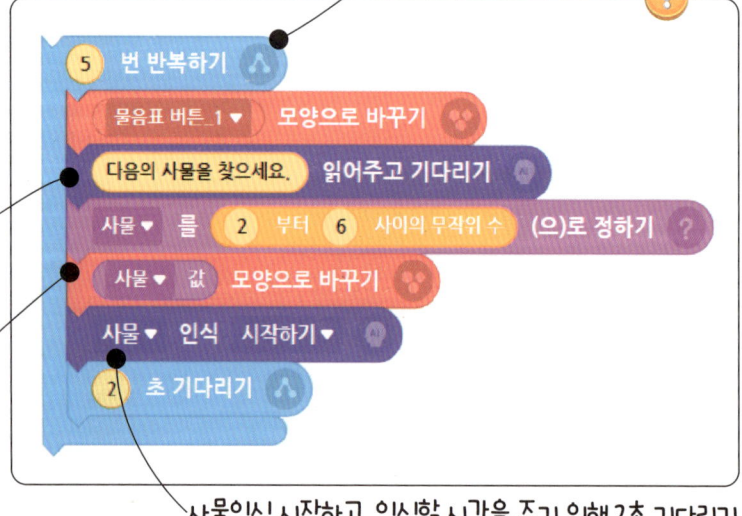

46

04 계속해서 '물음표 버튼' 오브젝트를 선택한 상태에서 03번에서 만든 코드 아래에 다음 코드를 추가합니다.

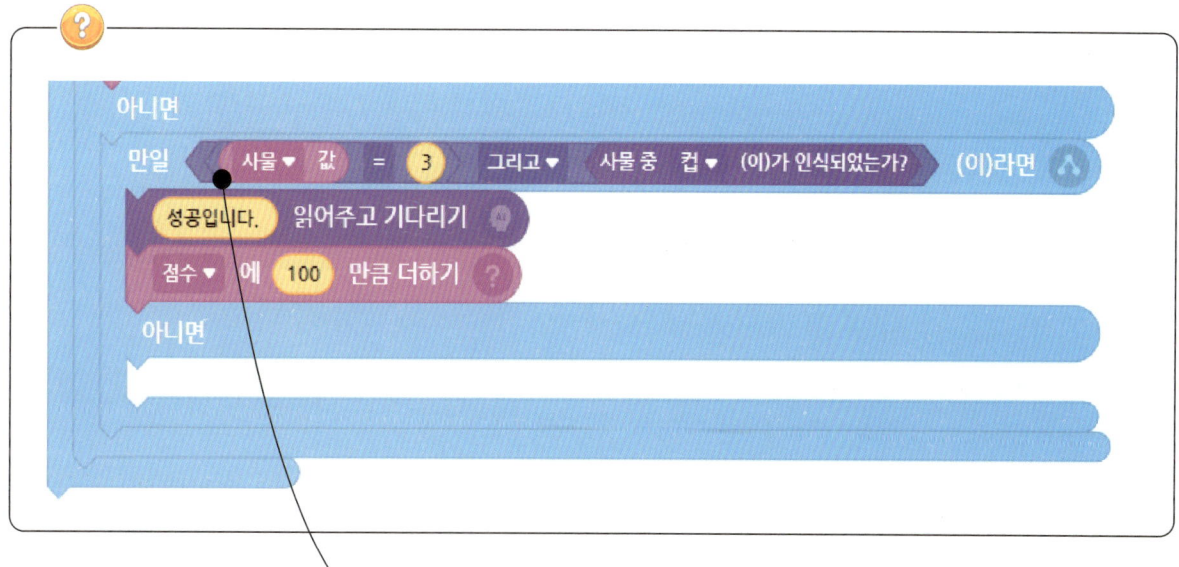

무작위 모양으로 선택된 값이 2이고, 사물 중 핸드폰이 인식이 되었으면 사물인식으로 제시된 문제에 알맞게 사물을 인식한 것이므로 성공했음을 알리고 점수에 100점을 더하기

05 04번에서 추가한 '만일~(이)라면 아니면' 블록의 '아니면' 아래에 다음 코드를 추가합니다.

무작위 모양으로 선택된 값이 3이고, 사물 중 컵이 인식이 되었으면 사물인식으로 제시된 문제에 알맞게 사물을 인식한 것이므로 성공했음을 알리고 점수에 100점을 더하기

인공지능

06 05번에서 추가한 '만일~(이)라면 아니면' 블록의 '아니면' 아래에 다음 코드를 추가합니다.

[블록 코드 이미지: 아니면 / 만일 <사물▼ 값> = 4 그리고▼ <사물 중 오렌지▼ (이)가 인식되었는가?> (이)라면 / 성공입니다. 읽어주고 기다리기 / 점수▼ 에 100 만큼 더하기 / 아니면]

무작위 모양으로 선택된 값이 4이고, 사물 중 오렌지가 인식이 되었으면 사물인식으로 제시된 문제에 알맞게 사물을 인식한 것이므로 성공했음을 알리고 점수에 100점을 더하기

07 06번에서 추가한 '만일~(이)라면 아니면' 블록의 '아니면' 아래에 다음 코드를 추가합니다.

[블록 코드 이미지: 아니면 / 만일 <사물▼ 값> = 5 그리고▼ <사물 중 병▼ (이)가 인식되었는가?> (이)라면 / 성공입니다. 읽어주고 기다리기 / 점수▼ 에 100 만큼 더하기 / 아니면]

무작위 모양으로 선택된 값이 5이고, 사물 중 병이 인식이 되었으면 사물인식으로 제시된 문제에 알맞게 사물을 인식한 것이므로 성공했음을 알리고 점수에 100점을 더하기

07번에서 추가한 '만일~(이)라면 아니면' 블록의 '아니면' 아래에 다음 코드를 추가합니다.

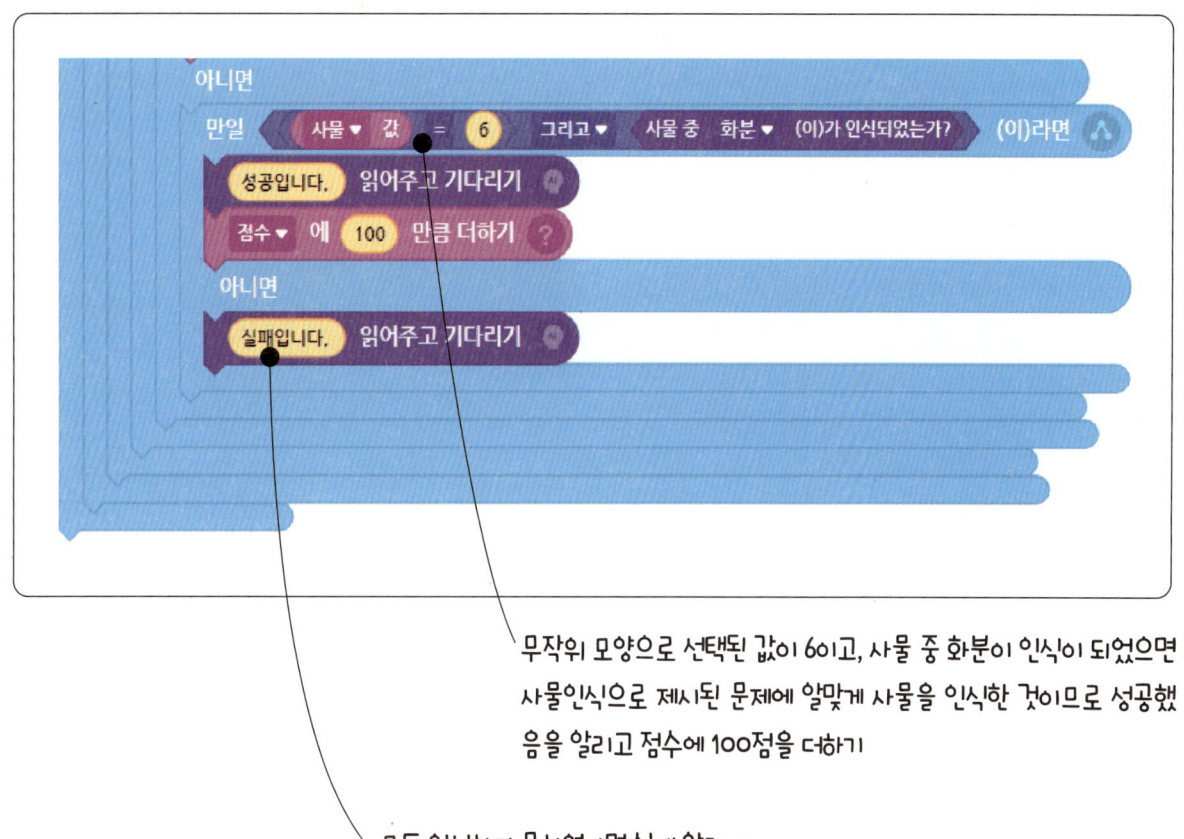

무작위 모양으로 선택된 값이 6이고, 사물 중 화분이 인식이 되었으면 사물인식으로 제시된 문제에 알맞게 사물을 인식한 것이므로 성공했음을 알리고 점수에 100점을 더하기

모두 인식하지 못하였다면 실패 알리기

인공지능

09 완성된 '물음표 버튼' 오브젝트입니다. 내가 만든 코드를 점검해 봅시다.

```
[시작하기 버튼을 클릭했을 때]
  장난스러운▼ 목소리를 보통▼ 속도 높은▼ 음높이로 설정하기
  사물인식 게임을 시작합니다.  읽어주고 기다리기
  비디오 투명도 효과를 (0) 으로 정하기
  비디오 화면 보이기▼
  (5) 번 반복하기
    물음표 버튼_1▼ 모양으로 바꾸기
    다음의 사물을 찾으세요.  읽어주고 기다리기
    사물▼ 를 (2) 부터 (6) 사이의 무작위 수 (으)로 정하기
    사물▼ 값 모양으로 바꾸기
    사물▼ 인식 시작하기▼
    (2) 초 기다리기
    만일  < 사물▼ 값 = (2) > 그리고▼ < 사물 중 핸드폰▼ (이)가 인식되었는가? >  (이)라면
      성공입니다.  읽어주고 기다리기
      점수▼ 에 (100) 만큼 더하기
    아니면
      만일  < 사물▼ 값 = (3) > 그리고▼ < 사물 중 컵▼ (이)가 인식되었는가? >  (이)라면
        성공입니다.  읽어주고 기다리기
        점수▼ 에 (100) 만큼 더하기
      아니면
        만일  < 사물▼ 값 = (4) > 그리고▼ < 사물 중 오렌지▼ (이)가 인식되었는가? >  (이)라면
          성공입니다.  읽어주고 기다리기
          점수▼ 에 (100) 만큼 더하기
        아니면
          만일  < 사물▼ 값 = (5) > 그리고▼ < 사물 중 병▼ (이)가 인식되었는가? >  (이)라면
            성공입니다.  읽어주고 기다리기
            점수▼ 에 (100) 만큼 더하기
          아니면
            만일  < 사물▼ 값 = (6) > 그리고▼ < 사물 중 화분▼ (이)가 인식되었는가? >  (이)라면
              성공입니다.  읽어주고 기다리기
              점수▼ 에 (100) 만큼 더하기
            아니면
              실패입니다.  읽어주고 기다리기
```

알아보기

한 오브젝트를 선택한 상태에서 모양 추가하기를 하면 각 오브젝트가 처음 선택한 오브젝트의 다른 모양이 되고, 모양 번호가 자동으로 생겨요.

모양 추가하기로 추가된 오브젝트의 모양 번호 확인하기

한 오브젝트에 여러 개의 모양을 추가하고, 랜덤으로 보이게 하고 싶다면 무작위 수 블록을 사용해요.

- 모양 번호 2번에서 6번까지의 수 중 랜덤으로 보이게 하고 싶다면 무작위 수 블록을 사용하기

`사물▼ 를 2 부터 6 사이의 무작위 수 (으)로 정하기`

`사물▼ 값 모양으로 바꾸기`

- 무작위 수로 정해진 사물의 모양으로 보이도록 하기

인공지능

도전하기

<사물인식 게임> 프로그램에 코드를 추가해 500점을 달성할 때까지 사물 인식 게임을 반복하고, 500점을 달성했을 때 점수를 달성했음을 음성과 말풍선으로 알려주는 프로그램을 만들어 봅시다.

작품 주소 http://naver.me/5fnQl3rt

점수를 음성과 말풍선으로 알립니다.

Mission 01 조건을 만족할 때까지 반복하는 블록이 필요해요.

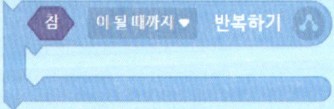

Mission 02 점수가 500점임을 판단하는 블록이 필요해요.

Mission 03 점수를 음성과 말풍선으로 알리는 블록이 필요해요.

읽을거리

신기한 사물 인식의 세계

이미지 또는 비디오 상의 객체를 식별하는 사물 인식 기술이 적용된 구글 렌즈와 같은 앱은 어떤 원리로 작동하는 것일까요? 첫째는 분류기술을 활용합니다. 이미지를 봤을 때 이미지 내 여러 개의 사물을 분류해 내는 기술로 레이블링, 즉 이름 붙이기를 통해 사물에 정보를 부여합니다. 예를 들어 케이크를 들고 있는 어린이가 있다면 사물 이름에 먼저 케이크라고 태그를 붙이는 식으로 말입니다.

둘째는 발견 기술입니다. 분류한 사진에서 사진 내 이미지의 위치를 파악해 정보를 포함하는 것입니다. 어디에 해당 사물이 있는지 알 수 있는 것이죠. 셋째는 임베딩 기술로 각각의 이미지를 봤을 때 기계학습을 통해 미리 알아놓은 이미지들과 비교하는 작업입니다. 이때 각 이미지의 유사성을 판단할 때 이미지 내 사물의 모양을 숫자 값들로 변환해 같은 이미지인지 아닌지를 판단할 수 있습니다.

본 챕터 활동에서 엔트리의 사물인식 블록을 활용해 어떤 사물인지 판단할 수 있었던 이유도 컵, 물병 등의 이미지 데이터를 활용해 미리 학습했기 때문입니다. 학습을 통해 컵, 물병, 화분 등을 구분할 수 있는 기준이 되는 머신러닝 모델로 화면에 사물을 비추었을 때 그것이 컵인지, 스마트폰인지 등을 판단할 수 있었던 것입니다.

5

누구의 그림일까?

화풍만 보고도 누구의 그림인지 알 수 있을까요? 작가의 화풍을 학습한 인공지능은 작품을 보고 누구의 작품인지 쉽게 판단할 수

무엇을 배울까?

1. 유명 화가의 작품 이미지 데이터를 수집해 봅시다.
2. 컴퓨터를 학습시켜 유명 화가의 작품을 구분하는 머신러닝 모델을 만들어 봅시다.
3. 완성한 머신러닝 모델을 활용해 학습하지 않은 그림 작품도 누구의 작품인지 추측하는 인공지능 프로그램을 만들어 봅시다.

오브젝트 목록	
1	칠판
2	선생님(2)
3	이미지 오브젝트 3개 : 작품 1~3(부록 참고)
4	속이 빈 사각형 3개
5	글상자 오브젝트 : Welcome to AI 미술관

선생님(2) 오브젝트는 환영 인사와 안내를 음성으로 표현합니다.

Coding School

있고, 그 작가의 화풍을 흉내낼 수도 있다고 합니다. 유명 화가의 그림을 보고 누구의 그림인지 추측하는 인공지능 프로그램을 만들어 봅시다.

Q1 머신러닝 모델을 먼저 만들어야 하나요?

순서는 크게 상관없습니다. 다만, 머신러닝 모델을 만들었을 때 생성된 블록을 활용해야 하는 경우 머신러닝 모델을 먼저 만들어야 합니다.

Q2 외부에서 이미지 오브젝트를 어떻게 가져오나요?

'오브젝트 추가하기'에서 파일을 올려 원하는 이미지를 추가할 수 있습니다. 자세한 사항은 부록을 참고해 주세요!

작품 오브젝트를 클릭하면 학습한 모델로 인식할 수 있는 팝업창이 뜹니다. 원하는 작품을 추가해 누가 그린 그림인지 확인할 수 있습니다.

55

인공지능

머신러닝 모델을 만들어요

01 http://itbook.kyohak.co.kr/ai 웹 페이지에 접속하여 오른쪽 화면과 같이 'PART-5 누구의 그림일까?'에 있는 '이미지 데이터셋 내려받기'를 클릭하여 '5-dataset.zip' 파일을 내려받아서 압축을 해제합니다.

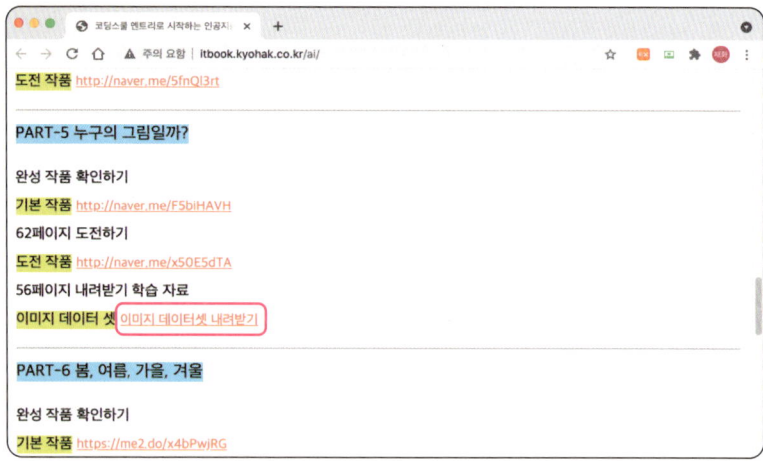

02 인공지능 블록 카테고리에서 인공지능 모델 학습하기를 선택한 뒤 분류: 이미지를 선택합니다.

03 머신러닝 모델과 클래스 1의 이름을 각각 정한 뒤, 클래스 1에 이미지 데이터를 추가합니다.

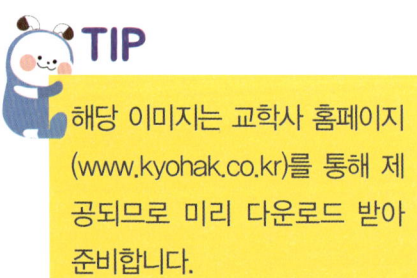

TIP 해당 이미지는 교학사 홈페이지(www.kyohak.co.kr)를 통해 제공되므로 미리 다운로드 받아 준비합니다.

머신 러닝 모델의 이름을 입력

클래스 1의 이름을 '빈센트 반 고흐'로 입력하기

04 클래스 2와 클래스 3에도 각각 이름을 입력하고, 이미지 데이터를 추가합니다.

클래스 2에는 '파블로 피카소' 입력하기

해당 이미지를 찾아 추가하기

클래스 3에는 '레오나르도 다빈치' 입력하기

해당 이미지를 찾아 추가하기

05 '학습' 창에서 [모델 학습하기]를 클릭한 뒤, '결과' 창에 다음과 같이 이미지를 업로드해 머신러닝 모델이 잘 만들어졌는지 확인합니다.

학습하지 않은 이미지 데이터를 업로드

'빈센트 반 고흐'의 작품임을 인식

인공지능

미술관 선생님이 환영 인사를 해요

01 다음과 같이 오브젝트를 추가하고 실행화면에 적절한 크기와 위치로 배치합니다.

- '칠판' 오브젝트
- 이미지 오브젝트(3개)
- '속이 빈 사각형' 오브젝트
- '글상자' 오브젝트
- '선생님(2)' 오브젝트

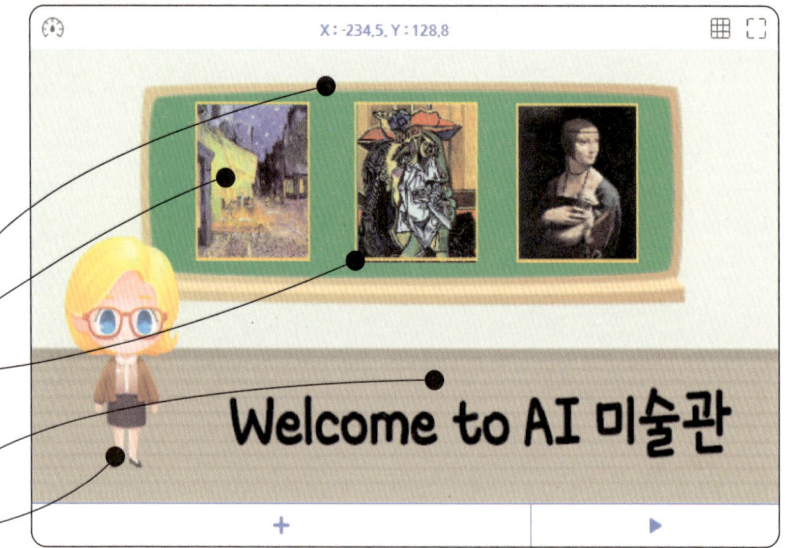

02 인공지능 카테고리에서 [인공지능 블록 불러오기]를 클릭한 뒤, [읽어주기]를 추가합니다.

03 '선생님(2) 오브젝트'가 환영 인사를 말하도록 코딩합니다.

- 원하는 목소리, 속도, 음높이 설정하기
- 읽어주기를 원하는 문장 입력하기

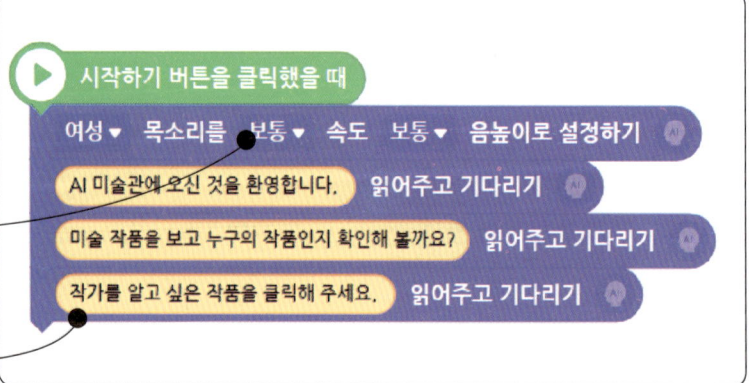

작품을 클릭해 화가가 누구인지 확인해요

01 다음 이미지 오브젝트를 선택한 뒤, 해당 오브젝트를 클릭하면 이미 학습된 모델을 통해 해당 그림이 누구의 작품인지 알려주도록 다음과 같이 코딩합니다.

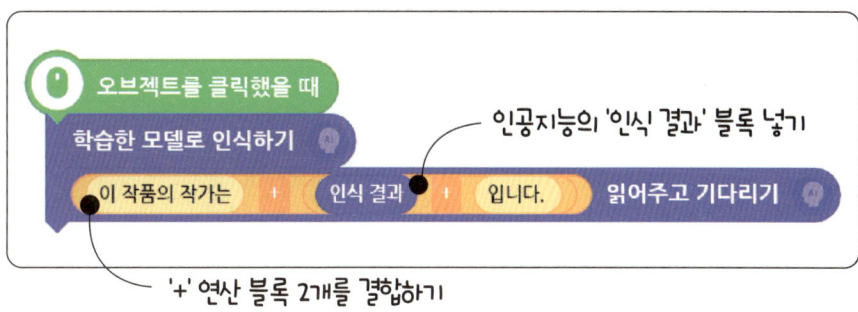

02 마찬가지로 다음 이미지 오브젝트를 선택한 뒤, 해당 오브젝트를 클릭하면 이미 학습된 모델을 통해 해당 그림이 누구의 작품인지 알려주도록 다음과 같이 코딩합니다.

03 마지막으로 다음 이미지 오브젝트를 선택한 뒤, 해당 오브젝트를 클릭하면 이미 학습된 모델을 통해 해당 그림이 누구의 작품인지 알려주도록 다음과 같이 코딩합니다.

인공지능

알아보기

오브젝트를 내 마음대로 바꿀 수 있습니다. 원하는 색깔이나 크기, 효과를 선택해 오브젝트를 변경해 봅시다.

① '오브젝트 추가하기' 창에서 [글상자]를 선택합니다.

② 원하는 글자를 입력하고, 다양한 효과를 줄 수 있습니다.

글자의 진하기, 밑줄, 색 등 정하기

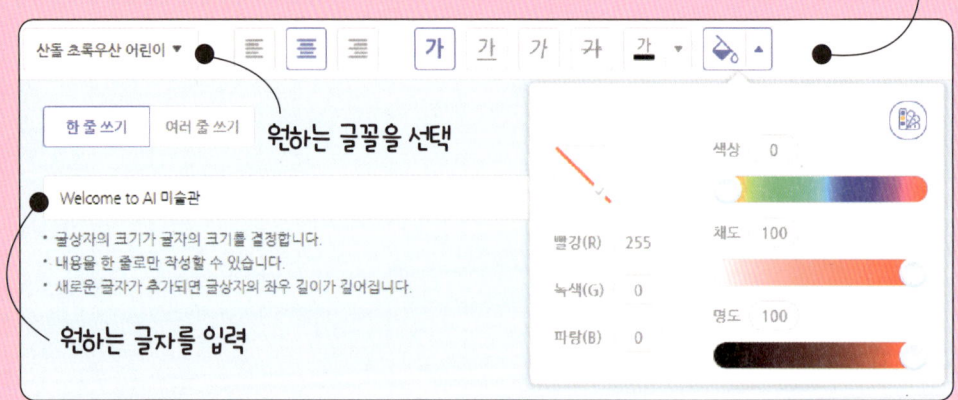

원하는 글꼴을 선택

원하는 글자를 입력

③ 실행화면에 나만의 멋진 '글상자' 오브젝트가 완성되었습니다.

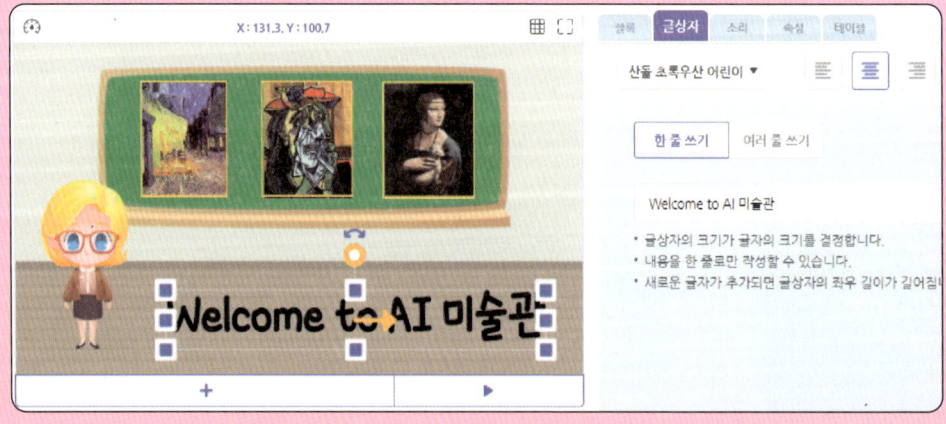

④ 이번에는 '속이 빈 사각형' 오브젝트를 선택한 상태에서 [모양] 탭으로 간 뒤, 나열된 모양 중 하나를 클릭합니다.

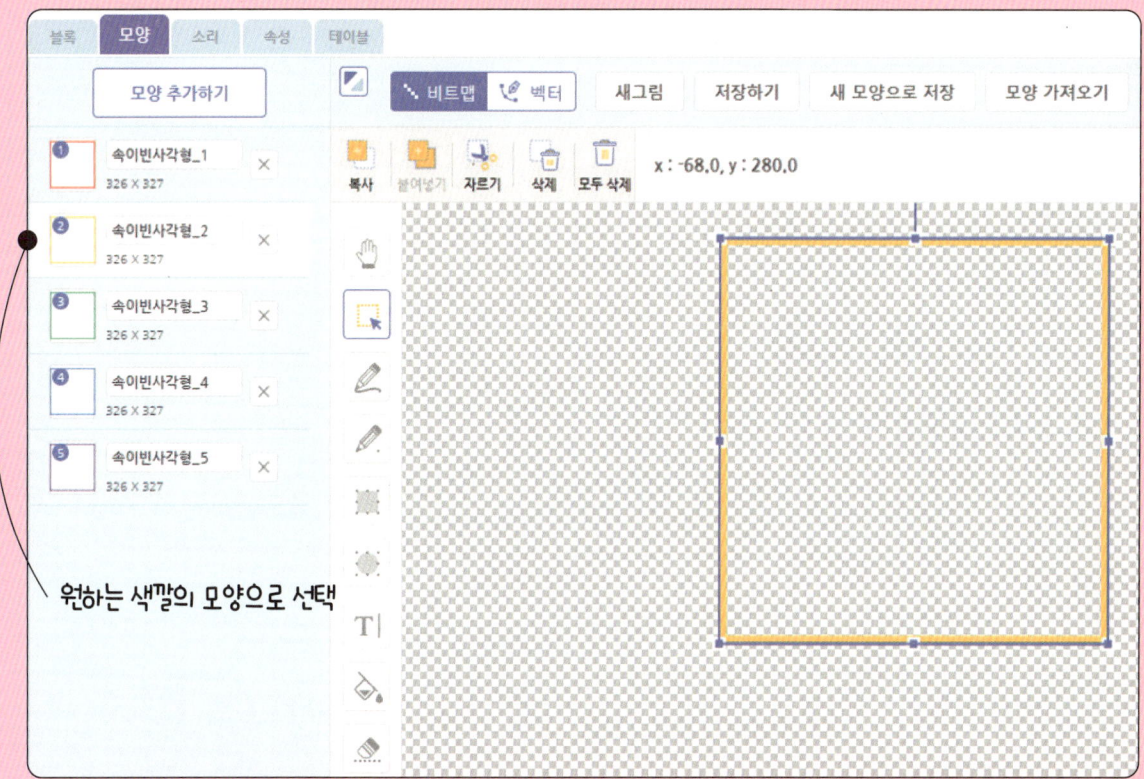

원하는 색깔의 모양으로 선택

⑤ 실행화면에서 오브젝트를 선택한 상태에서 대각선, 가로, 세로 등으로 늘리고 줄이며 크기를 변경할 수 있습니다.

'속이 빈 사각형' 오브젝트를 작품 이미지의 크기에 맞게 조절해 액자 프레임처럼 보이도록 하기

인공지능

작품 주소 http://naver.me/x50E5dTA

도전하기

<누구의 그림일까?> 프로그램에 코드를 추가해 누구의 작품인지, 해당 작가의 작품일 가능성을 어느 정도인지 계산해 보여주는 프로그램을 만들어 봅시다.

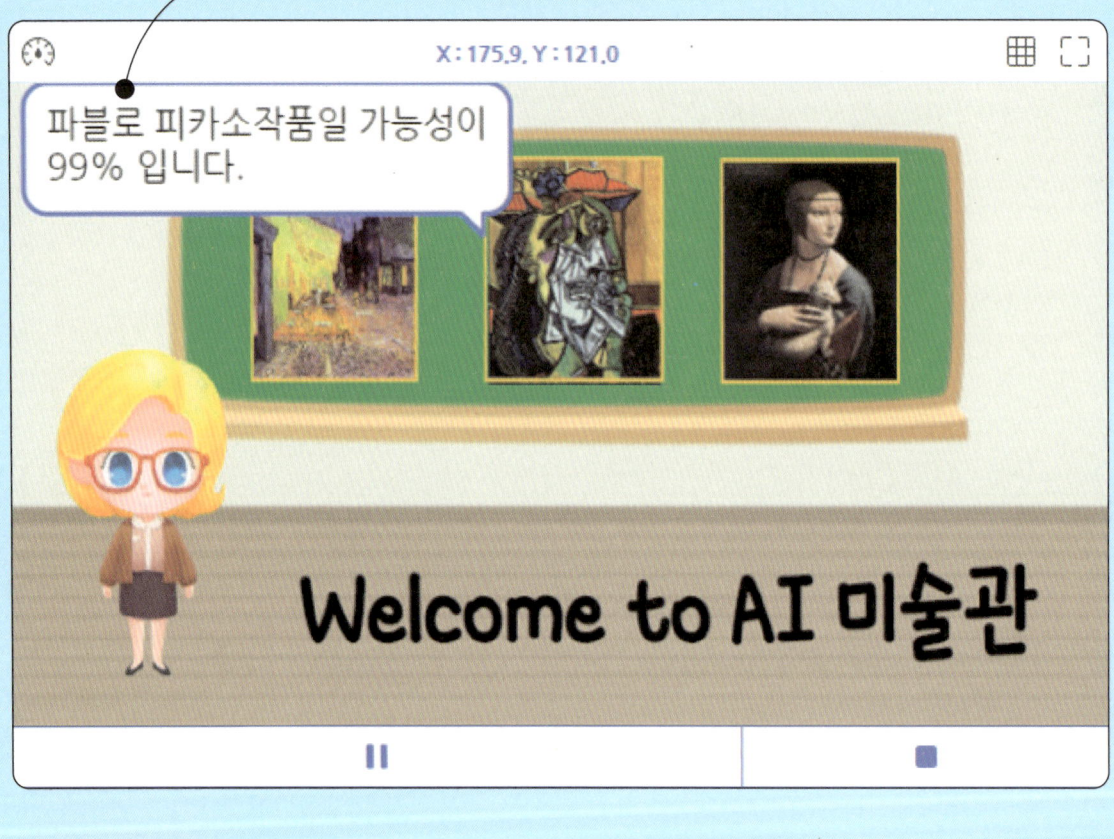

누구의 작품인일지 가능성을 확률로 표시해요.

파블로 피카소작품일 가능성이 99% 입니다.

Welcome to AI 미술관

Mission 01 인식 결과의 신뢰도를 확인하는 블록을 활용해요.

빈센트 반 고흐 ▼ 의 신뢰도

Mission 02 백분율로 나타내는 방법을 생각해요.

◯ x 100

Mission 03 소수점 반올림 값으로 표현해요.

◯ 의 소수점 반올림값 ▼

읽을거리

기계가 학습을 한다고?!

기계학습은 말 그대로 기계가 학습하도록 하는 것을 의미합니다. 즉, 인공지능이 사람처럼 지적인 행위를 하기 위해서는 세상에 대한 지식을 학습해야 합니다. 그렇다면 기계에게 어떻게 학습을 시킬 수 있을까요? 기계학습의 대표적인 방법인 지도학습과 비지도학습에 대해 알아보도록 하겠습니다.

지도학습이란 정답이 있는 데이터를 통해 학습시키는 방법을 의미합니다. 예를 들어 포도와 사과를 구분할 수 있게 하려면 어떤 것이 포도인지, 사과인지 미리 이름을 붙여 알려줍니다. 이렇게 이름을 붙인, 레이블된 데이터를 통해 학습을 시켜 이 둘을 구분할 수 있는 모델이 만들어지면 한번도 학습하지 않은 사과나 포도의 이미지를 주었을 때 사과인지, 포도인지를 판단할 수 있습니다.

본 챕터 활동에서 피카소 등 유명 화가의 여러 작품을 미리 공부한 인공지능 모델이 있었기 때문에 새로운 작품을 보았을 때 피카소의 작품인지 레오나르도 다빈치의 작품인지를 판단할 수 있었던 것과 같은 원리라고 할 수 있습니다.

이에 반해 비지도 학습은 정답이 없는 데이터를 통해 학습시키는 방법입니다. 정답을 알려주지 않았기 때문에 답을 맞히는 것이 목적이 아니라 어떤 데이터들이 서로 비슷한지 그룹지어 주거나 어떤 성질이 데이터를 잘 정의하는지를 판단하는 등 데이터 속 특징을 추출해 유용한 정보를 제공해 주는 역할을 합니다. 즉, 포도인지 사과인지를 답을 내주지 않으나 포도 이미지와 사과 이미지를 서로 다른 그룹이라고 구분해 주므로 그 결과를 보고 사람이 그 둘이 각각 가진 특징을 파악하는데 판단의 근거로 삼을 수 있습니다.

6

봄, 여름, 가을, 겨울

검색어를 입력했을 때 그 검색어가 어떤 계절을 나타내는지 혹은 어떤 일과 관련있는지 알 수 있다면 사용자의 의도를 보다 빠르게

무엇을 배울까?

1. 봄, 여름, 가을, 겨울을 의미하는 글자를 구분하는 머신러닝 모델을 만듭니다.
2. 검색어를 입력하면 어떤 계절이 해당되는지 분류합니다.
3. 해당 계절 사진이 나타나면 한 번 더 검색할 것인지 묻고 한 번 더 실행하거나 반복을 그만합니다.

	오브젝트 목록
1	꽃밭 배경 오브젝트, 날씨 배경 오브젝트, 겨울 숲 배경 오브젝트
2	단색 배경 오브젝트와 가을산 오브젝트를 합한 배경 오브젝트
3	글상자 오브젝트 : 봄, 여름, 가을, 겨울

가을 배경의 오브젝트는 단색 배경 오브젝트에 '가을 산' 오브젝트를 추가해 하나의 오브젝트로 묶어준 것입니다.

파악할 수 있을 것입니다. 엔트리의 인공지능 모델을 활용해 사계절을 구분하는 프로그램을 만들어 봅시다.

Q1 이 프로그램은 어떤 글자라도 다 분류할 수 있나요?
그렇지는 않습니다. 학습된 글자와 유사한 글자는 분류하지만 전혀 동떨어진 글자는 사계절 중 하나로 정확하게 분류하지 못할 수 있습니다.

Q2 해당 계절 이미지가 크게 확대될 때 음악 등의 효과를 추가할 수 있나요?
물론입니다. '소리 추가하기'를 통해 해당 계절에 어울리는 음악을 추가할 수 있습니다.

각 계절 배경 오브젝트는 검색어와 연관된 계절을 의미하는 배경 오브젝트로, 해당 계절로 분류되면서 오브젝트의 크기가 커지면서 맨 앞으로 나오게 됩니다.

인공지능

머신러닝 모델을 만들어요

01 인공지능 카테고리에서 [인공지능 모델 학습하기]를 클릭합니다.

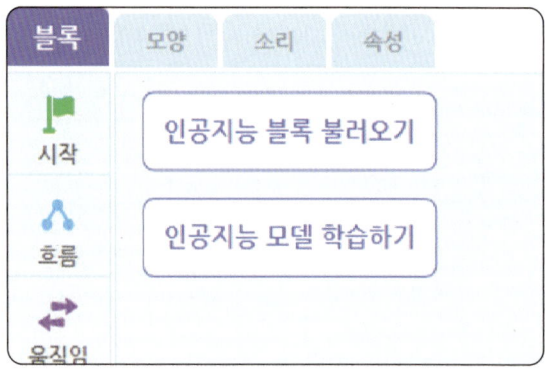

02 [분류: 텍스트]를 선택하고, [학습하기]를 클릭합니다.

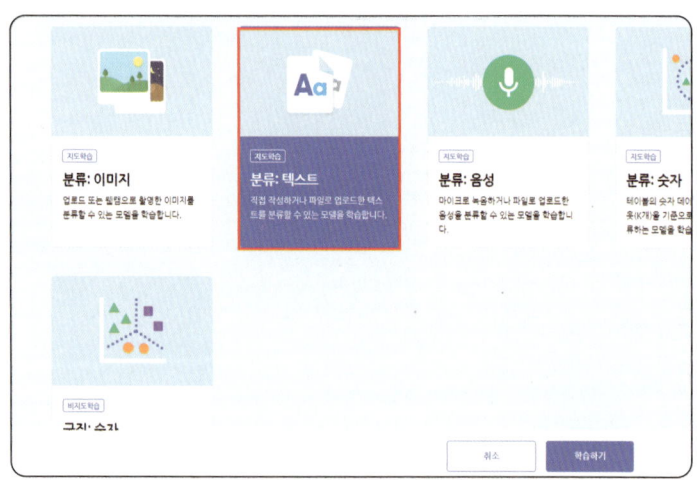

03 머신러닝 모델의 이름을 정하고, 클래스 1, 2, 3, 4에 각각 '봄', '여름', '가을', '겨울'로 이름을 입력합니다.

머신러닝 모델의 이름을 입력하기

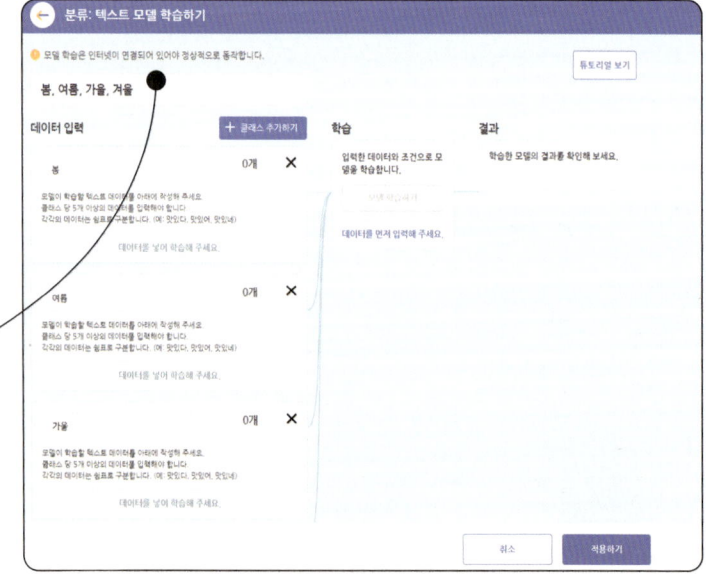

04 '봄' 클래스에 봄과 관련된 텍스트 데이터를 입력합니다.

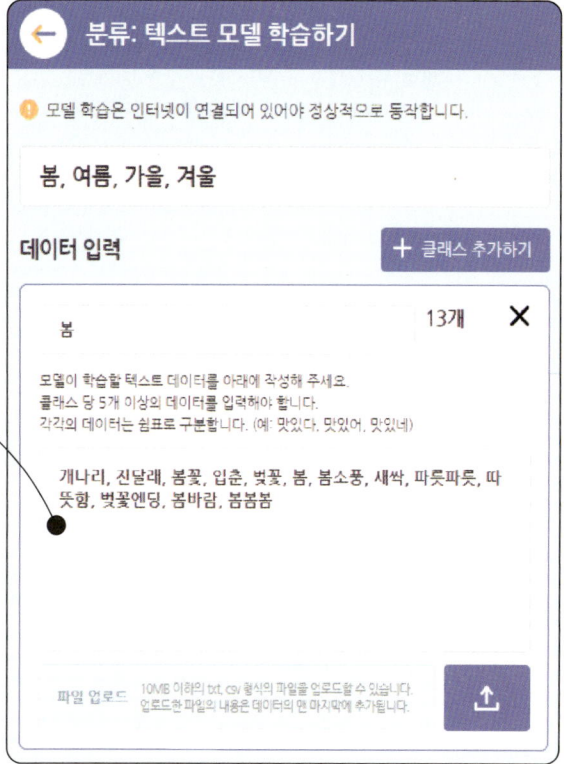

다음과 같이 봄과 연관있는 텍스트 데이터를 입력

05 같은 방법으로 '여름', '가을', '겨울' 클래스에도 '봄' 클래스와 마찬가지로 텍스트 데이터를 입력합니다.

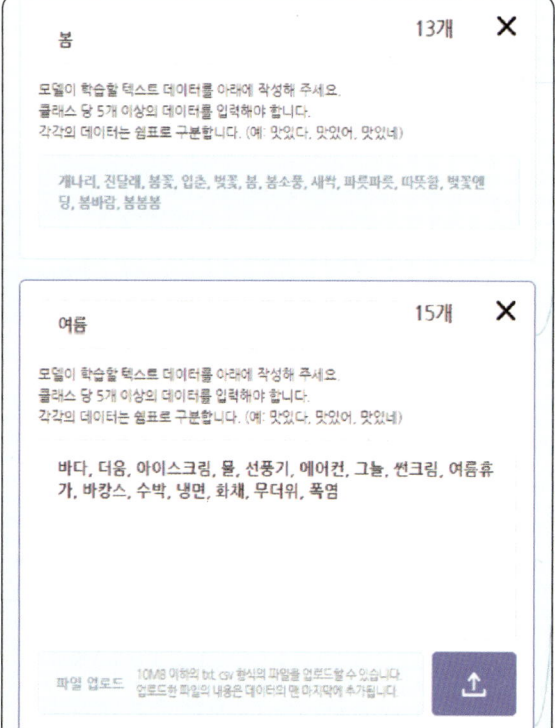

인공지능

06 '학습' 창에서 [모델 학습하기]를 클릭합니다.

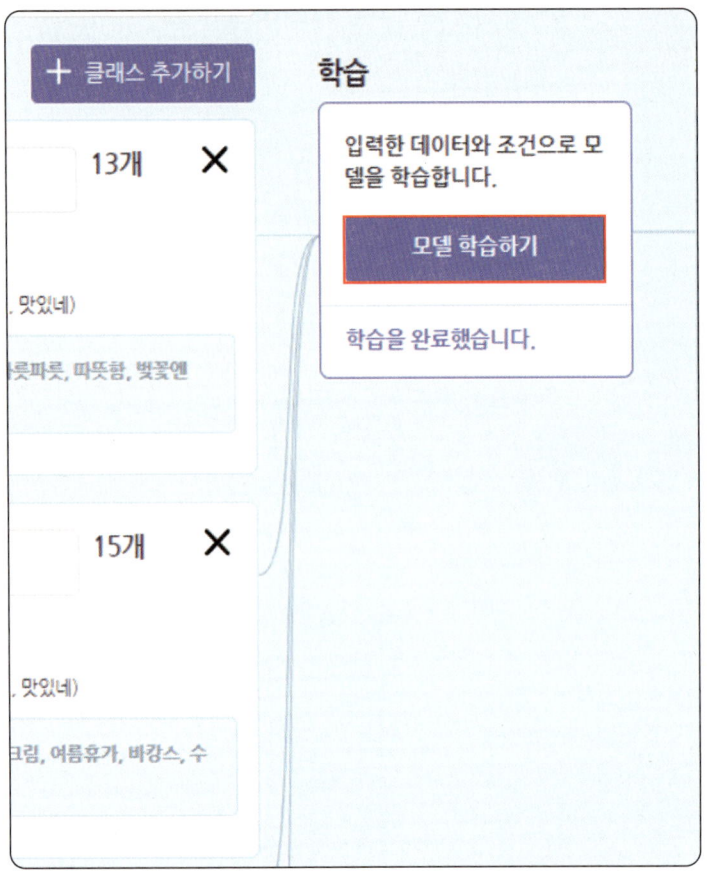

07 '결과' 창에 텍스트를 입력하여 머신러닝 모델이 잘 만들어 졌는지 확인합니다.

텍스트 입력하기

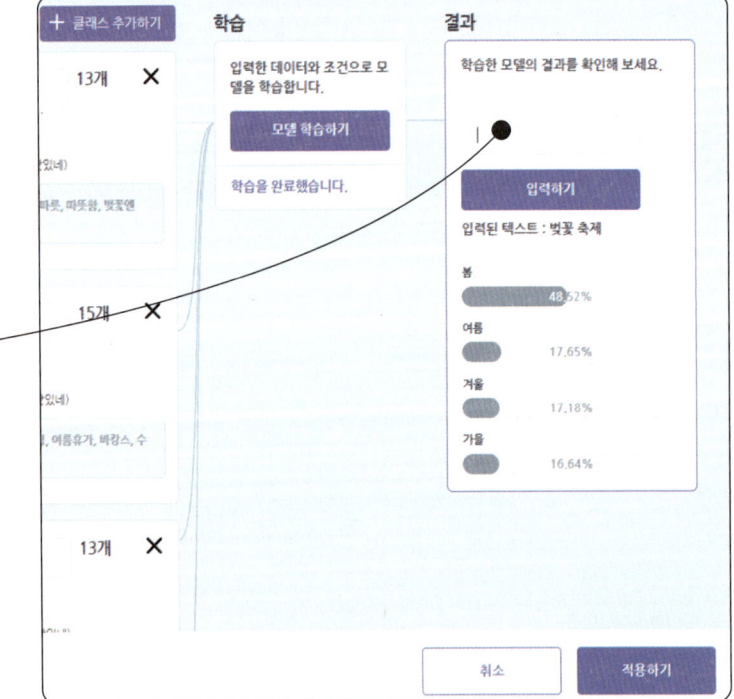

인공지능 블록과 오브젝트를 추가해요

01 그림과 같이 오브젝트를 추가하고 실행화면에 적절한 크기와 위치로 배치합니다.

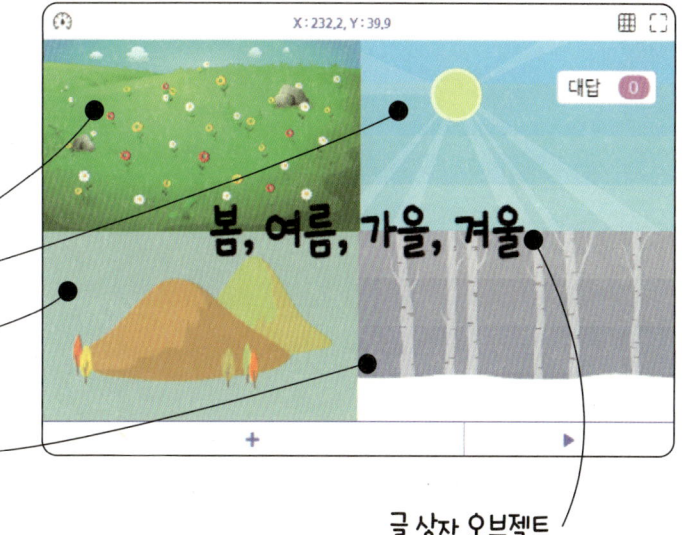

- 봄을 나타내는 꽃밭(1) 오브젝트
- 여름을 나타내는 날씨 오브젝트
- 단색배경에 가을산 오브젝트를 추가해 만든 가을 오브젝트
- 겨울을 나타내는 겨울 숲 오브젝트
- 글 상자 오브젝트

02 인공지능 블록 카테고리에서 인공지능 블록 불러오기를 클릭한 후 읽어주기를 추가합니다.

인공지능 블록 불러오기에서 '읽어주기'를 추가합니다.

03 속성 탭에서 필요한 신호를 4개 추가합니다.

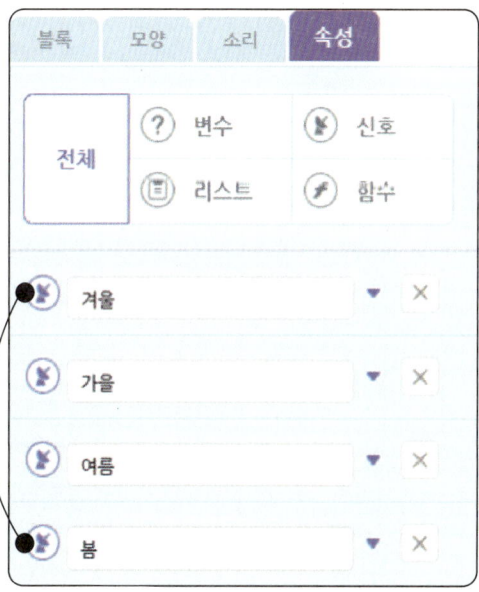

속성 탭에서 신호를 선택한 뒤 '봄', '여름', '가을', '겨울' 신호를 추가합니다.

인공지능

검색어로 봄, 여름, 가을, 겨울을 분류해요

01 '꽃밭(1)' 오브젝트를 선택한 상태에서 다음과 같이 코드를 작성합니다.

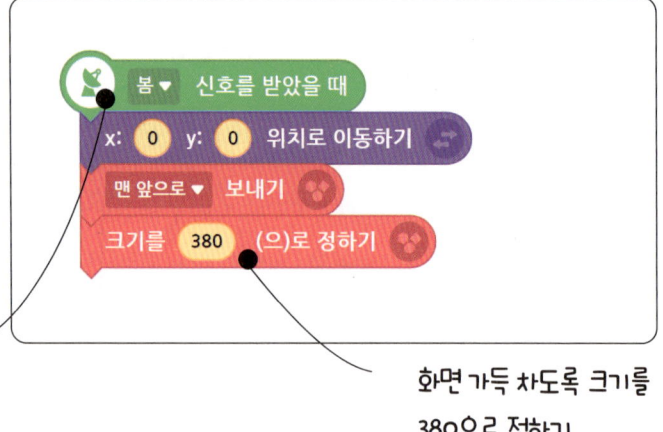

'봄' 신호를 받았을 때 화면 가운데 위치인 (0,0)으로 이동하고 맨 앞으로 나오도록 하기

화면 가득 차도록 크기를 380으로 정하기

02 '날씨' 오브젝트를 선택한 상태에서 다음과 같이 코드를 작성합니다.

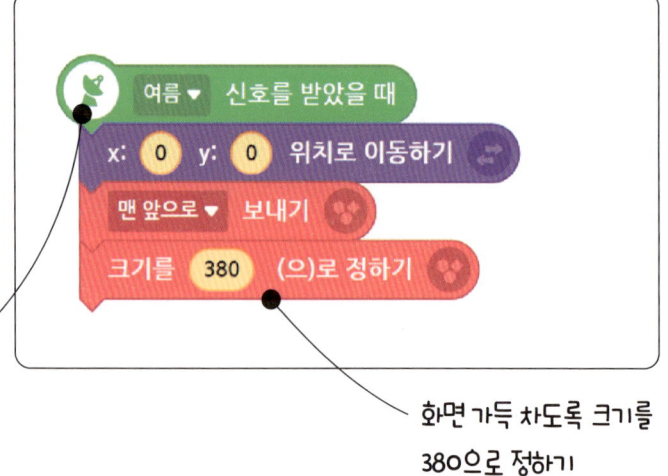

여름 신호를 받았을 때 화면 가운데 위치인 (0,0)으로 이동하고 맨 앞으로 나오도록 하기

화면 가득 차도록 크기를 380으로 정하기

03 '가을' 오브젝트를 선택한 상태에서 다음과 같이 코드를 작성합니다.

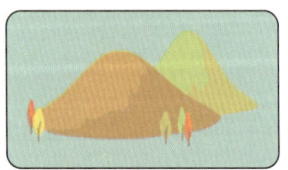

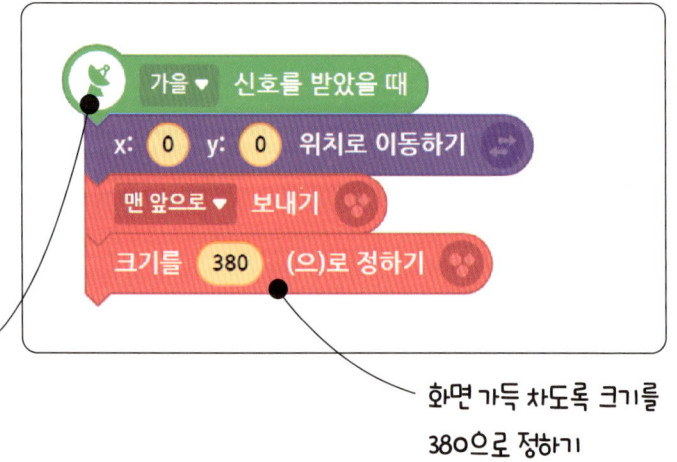

가을 신호를 받았을 때 화면 가운데 위치인 (0,0)으로 이동하고 맨 앞으로 나오도록 하기

화면 가득 차도록 크기를 380으로 정하기

04 '겨울 숲' 오브젝트를 선택한 상태에서 다음과 같이 코드를 작성합니다.

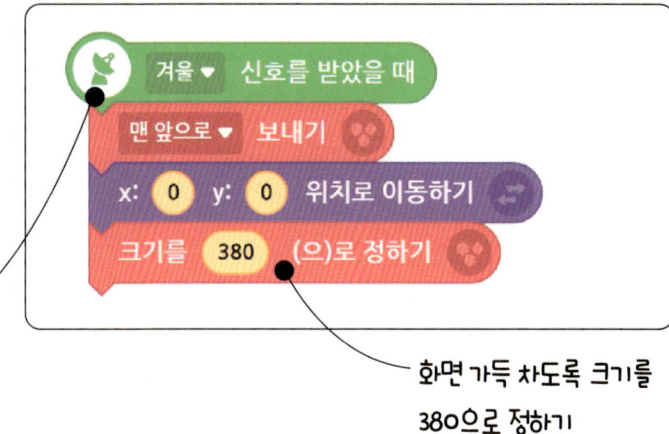

겨울 신호를 받았을 때 화면 가운데 위치인 (0,0)으로 이동하고 맨 앞으로 나오도록 하기

화면 가득 차도록 크기를 380으로 정하기

05 '글상자' 오브젝트를 선택한 상태에서 다음과 같이 코드를 작성합니다.

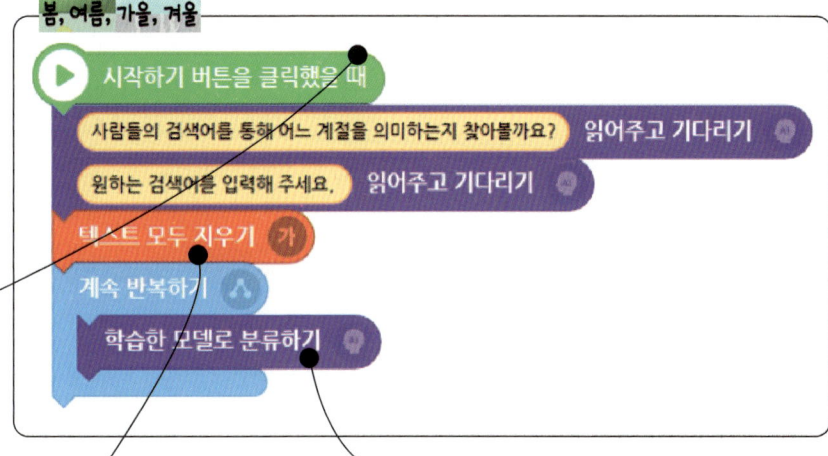

프로그램을 시작하면 다음과 같이 안내하고 기다리기

'글상자' 오브젝트의 텍스트를 모두 지우기

입력된 텍스트를 학습한 모델로 분류하는 것을 계속 반복하기

06 05번에서 만든 코드 중 '학습한 모델로 분류하기' 블록 아래에 다음 코드를 추가합니다.

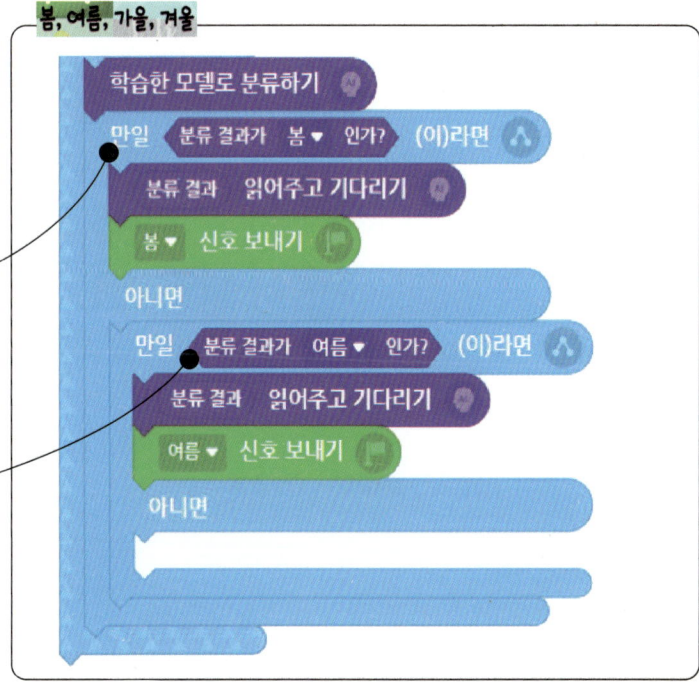

분류 결과가 '봄'이라면 분류 결과를 읽어주고 '봄' 신호 보내기

분류 결과가 '여름'이라면 분류 결과를 읽어주고 '여름' 신호 보내기

인공지능

07 06번에서 추가한 '만일~(이)라면 아니면' 블록 아래에 다음 코드를 추가합니다.

분류 결과가 '가을'이라면 분류 결과를 읽어주고 '가을' 신호 보내기

분류 결과가 '겨울'이라면 분류 결과를 읽어주고 '겨울' 신호 보내기

분류 결과를 알 수 없는 경우에 안내하기

08 마지막으로 다음과 같이 코드를 추가합니다.

프로그램을 그만할 것인지 한 번 더 할 것인지를 묻고 대답 기다리기

대답 값이 '1'인 경우 반복 중단하기

대답 값이 '1'이 아닌 경우 한 번 더 검색어를 입력하라고 말하고 반복하기로 가기

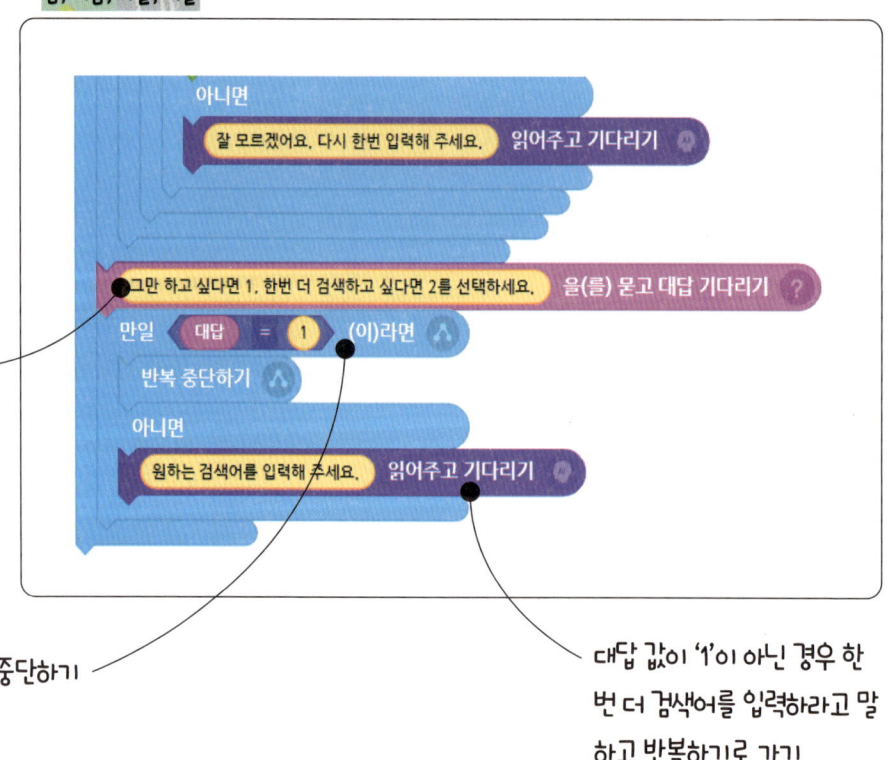

완성된 '글상자' 오브젝트입니다. 내가 만든 코드를 점검해 봅시다.

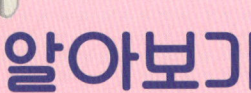

알아보기

단색 배경 오브젝트와 가을산 오브젝트를 하나의 오브젝트로 만드는 방법을 알아봅시다. 단색 배경 오브젝트를 선택한 상태에서 모양 탭으로 가요.

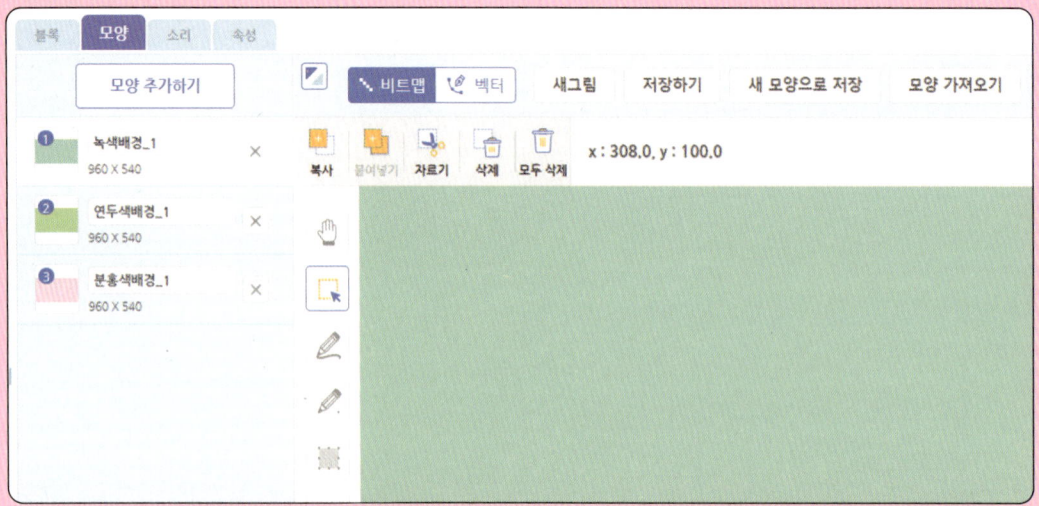

녹색배경만 남기고 나머지 오브젝트는 모두 삭제합니다. 그리고 그림판 위 메뉴에서 모양 가져오기 버튼을 선택한 뒤 "가을산" 오브젝트를 추가합니다.

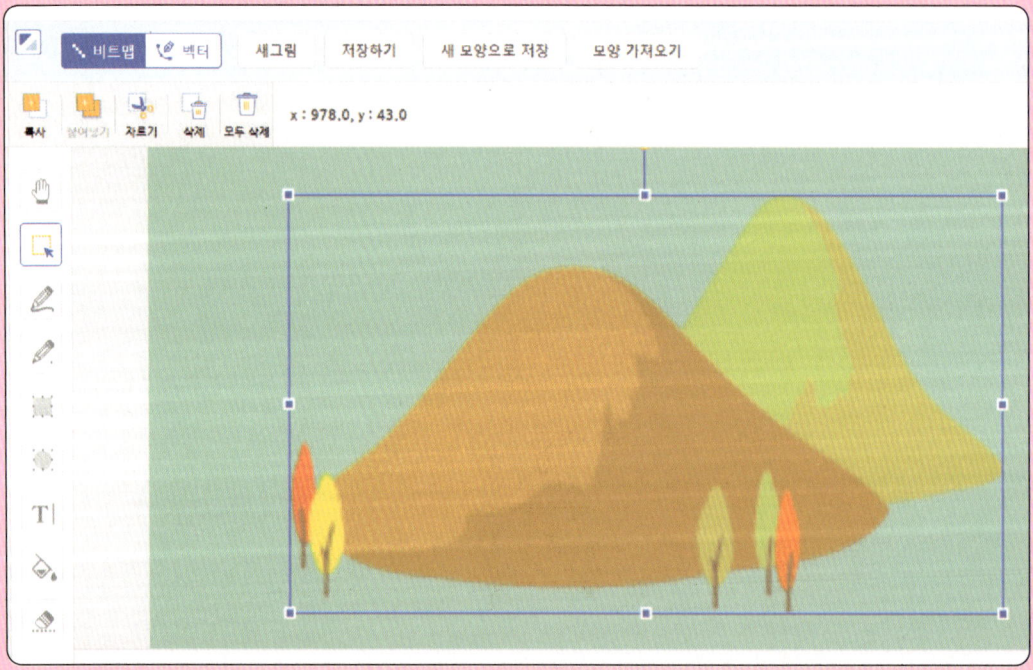

추가된 "가을산" 오브젝트의 크기를 크게 하고, 단색 배경 오브젝트 위에 그림처럼 배치한 뒤 저장하기를 클릭해 주면 단색 배경과 가을 산 오브젝트가 하나의 오브젝트로 만들어 집니다.

작품 주소 http://naver.me/x7vNJPxf

도전하기

<봄, 여름, 가을, 겨울> 프로그램에 코드를 추가해 각 계절을 대표하는 소리를 추가해 프로그램을 만들어 봅시다.

소리 추가하기를 선택해요.

[자연]에서 사계절과 어울리는 소리를 선택해요.

Mission 01 계절을 대표하는 자연의 소리를 생각해요.

Mission 02 소리를 추가하고, 소리 블록을 활용해요.

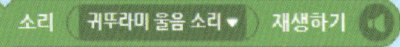

75

7

어떤 동물이 살고 있을까요?

소리를 들려주었을 때 무슨 소리인지 구분하는 인공지능이 있다면 상황을 파악해야 할 때나 어떤 일을 할 때 도움이 될 수 있습니다

무엇을 배울까?

1. 고양이, 강아지, 사자, 돼지, 닭의 소리를 구분하는 머신러닝 모델을 만듭니다.
2. 동물의 소리를 입력했을 때 어떤 동물인지를 구분하는지 확인합니다.
3. 분류된 동물이 동일한 위치에 등장하는 코드를 함수로 만들어 줍니다.

오브젝트 목록	
1	글상자 오브젝트 : 어떤 동물이 살고 있을까?
2	물음표 버튼 오브젝트
3	농장 건물 오브젝트
4	동물 오브젝트 : 화면에 보이지 않지만 사자, 돼지, 강아지, 고양이, 닭 오브젝트가 있습니다.

물음표 버튼 오브젝트에 소리 데이터를 입력하면 어떤 동물인지 분류하고, 해당 동물 오브젝트가 등장합니다.

Coding School

다. 엔트리의 인공지능 모델을 활용해 동물의 소리를 구분하는 프로그램을 만들어 봅시다.

Q1 소리를 분류하지 못하는 경우가 종종 있나요?
소리에 소음이 섞여있거나 소리가 재생될 때 소리가 나지 않는 구간이 있다면 분류할 때 정확도가 떨어질 수 있습니다.

Q2 정확도를 높이려면 어떻게 해야 하나요?
다양한 소리 데이터가 필요합니다. 강아지의 종이 다양한 만큼 각각의 종별로 소리를 수집하여 학습시키면 보다 정확도를 높일 수 있습니다.

농장 건물 오브젝트는 어떤 동물이 살고 있는지 호기심을 자극하는 배경 역할을 하는 오브젝트입니다.

인공지능

머신러닝 모델을 만들어요

01 http://itbook.kyohak.co.kr/ai 웹 페이지에 접속하여 오른쪽 화면과 같이 'PART-7 어떤 동물이 살고 있을까요?'에 있는 '소리 데이터셋 내려받기'를 클릭하여 '7-dataset.zip' 파일을 내려 받아서 압축을 해제합니다.

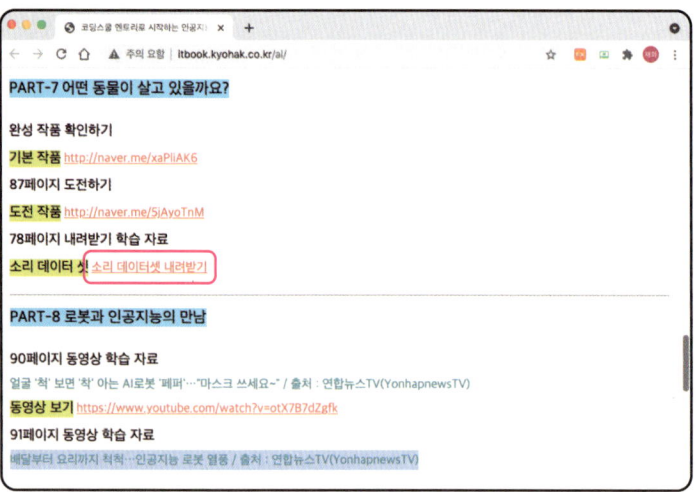

02 인공지능 카테고리에서 [인공지능 모델 학습하기]를 클릭합니다.

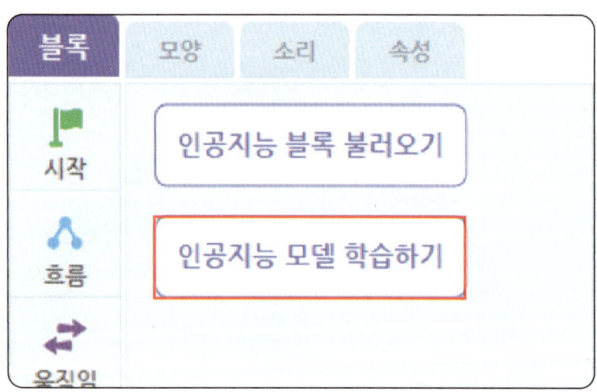

03 [분류: 음성]을 선택하고, [학습하기]를 클릭합니다.

04 머신러닝 모델의 이름을 정하고, 클래스1, 2, 3, 4, 5에 각각 '고양이', '강아지', '사자', '돼지', '닭'으로 입력합니다.

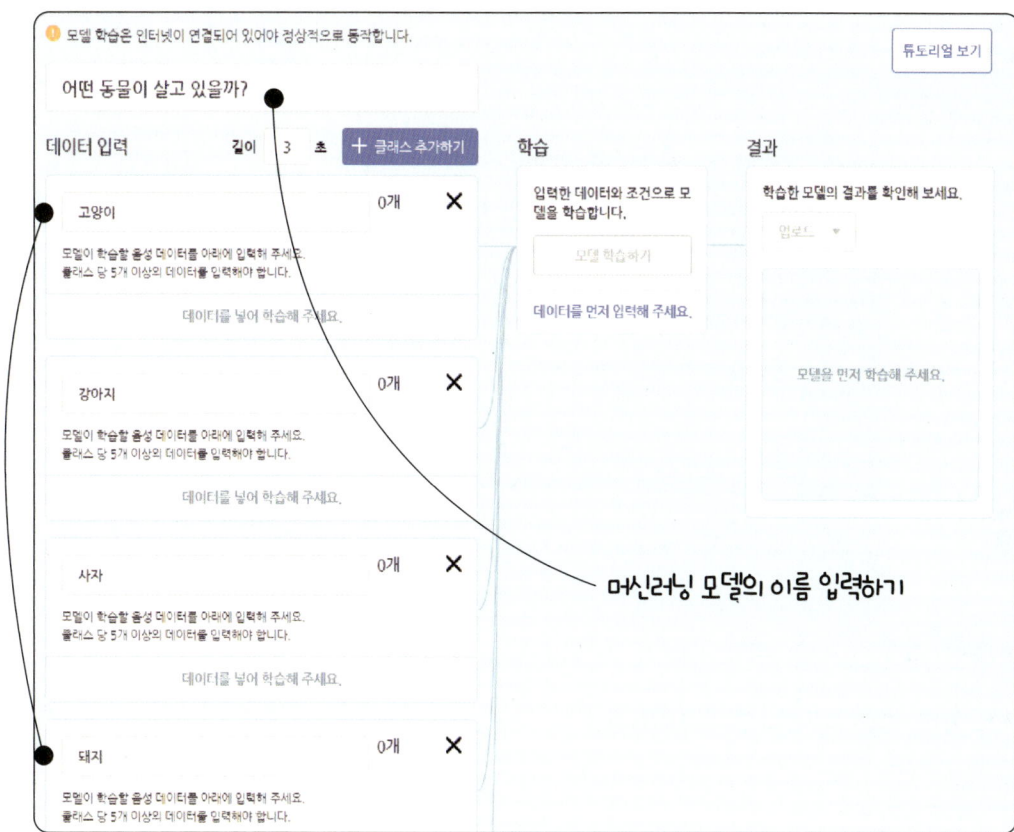

05 '고양이' 클래스에 '고양이 울음소리' 파일을 업로드합니다.

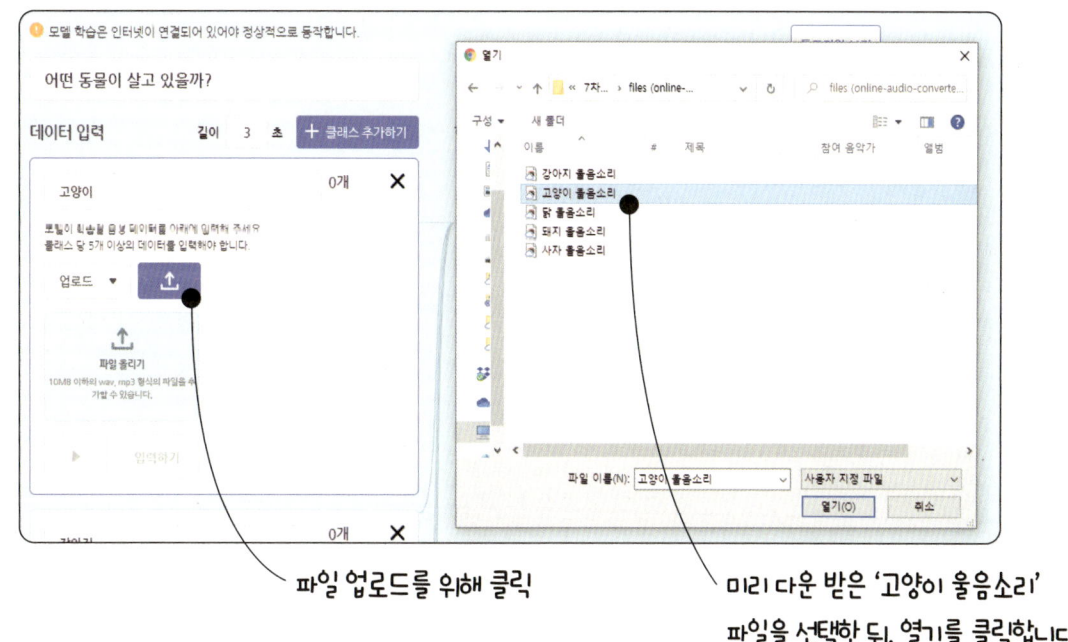

인공지능

06 '고양이 울음 소리' 음성 데이터를 '고양이' 클래스에 추가합니다.

입력하기 버튼을 누른 수만큼 소리 데이터가 추가되는 것을 확인

여기를 클릭하여 업로드 된 '고양이 울음소리' 파일을 여러개 추가

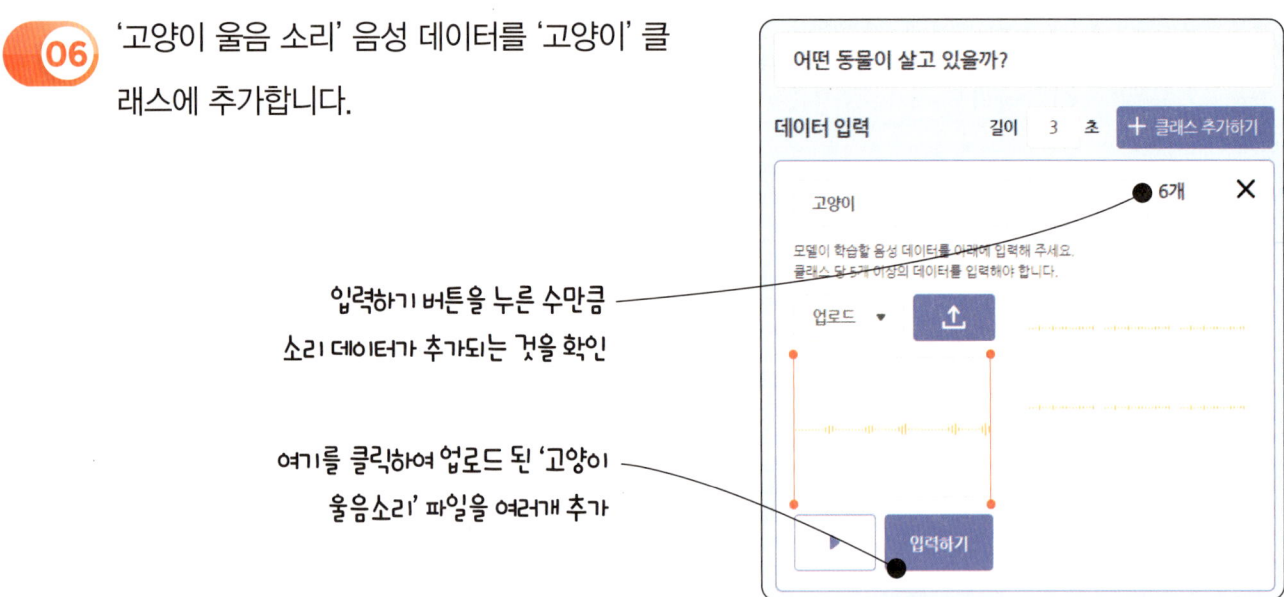

07 다른 클래스에도 동물 울음 소리 파일을 업로드하여 음성 데이터를 추가합니다.

08 '학습' 창에서 [모델 학습하기]를 클릭합니다.

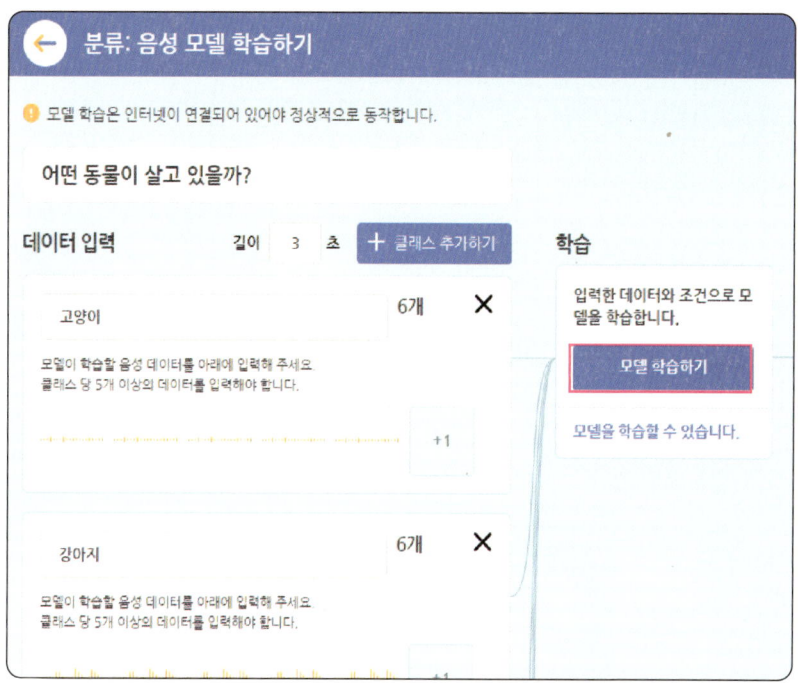

09 '결과' 창에서 음성 데이터를 입력하여 머신러닝 모델이 잘 만들어 졌는지 확인합니다.

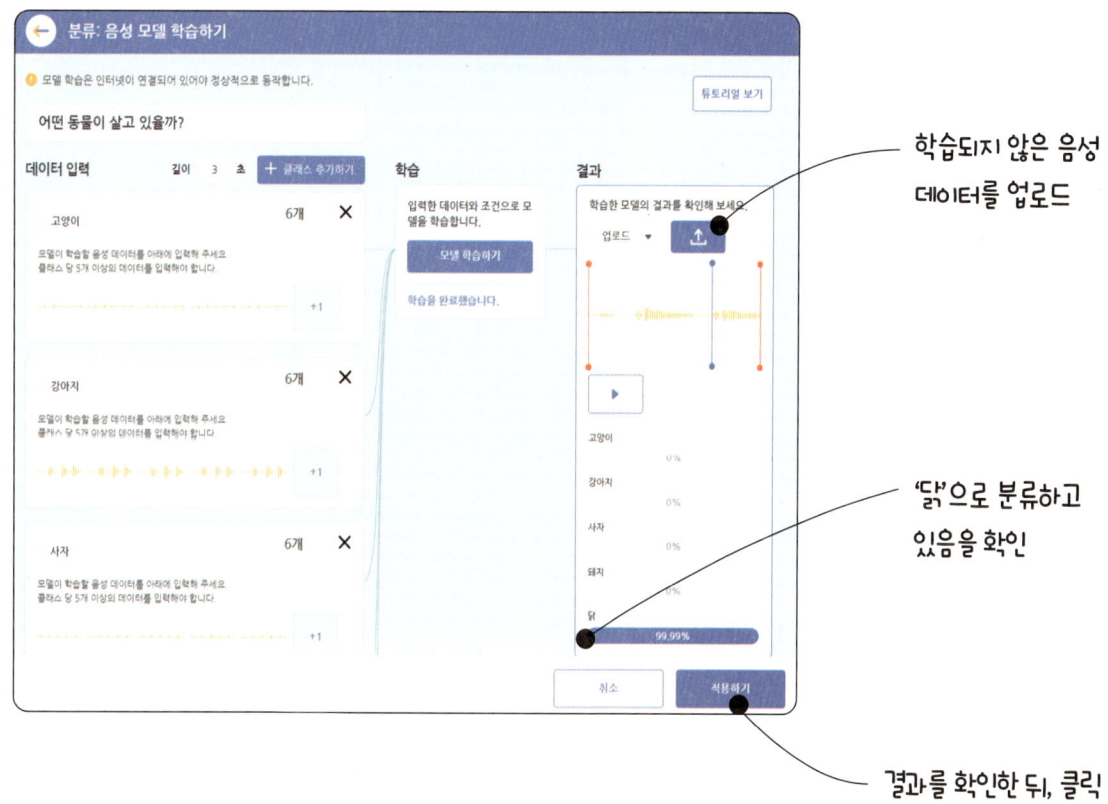

학습되지 않은 음성 데이터를 업로드

'닭'으로 분류하고 있음을 확인

결과를 확인한 뒤, 클릭

인공지능

인공지능 블록과 오브젝트를 추가해요

01 다음과 같이 오브젝트를 추가하고 실행화면에 적절한 크기와 위치로 배치합니다.

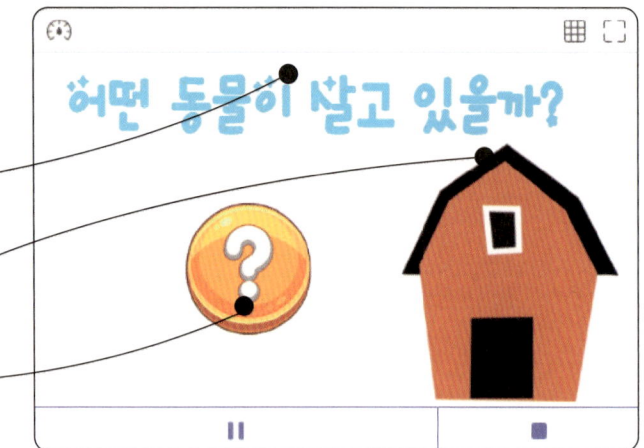

- '글상자' 오브젝트
- '농장건물' 오브젝트
- '물음표 버튼' 오브젝트(이 위치에 각 동물 오브젝트가 있으나 숨기기함)

02 인공지능 카테고리에서 [인공지능 블록 불러오기]를 클릭한 뒤, [읽어주기]를 추가합니다.

03 [속성] 탭에서 [신호]를 선택하고 다음과 같이 신호 5개를 추가합니다.

다음과 같이 신호 이름을 입력

울음소리로 동물을 분류해요

01 '물음표 버튼' 오브젝트를 선택한 상태에서 다음과 같이 코드를 작성합니다.

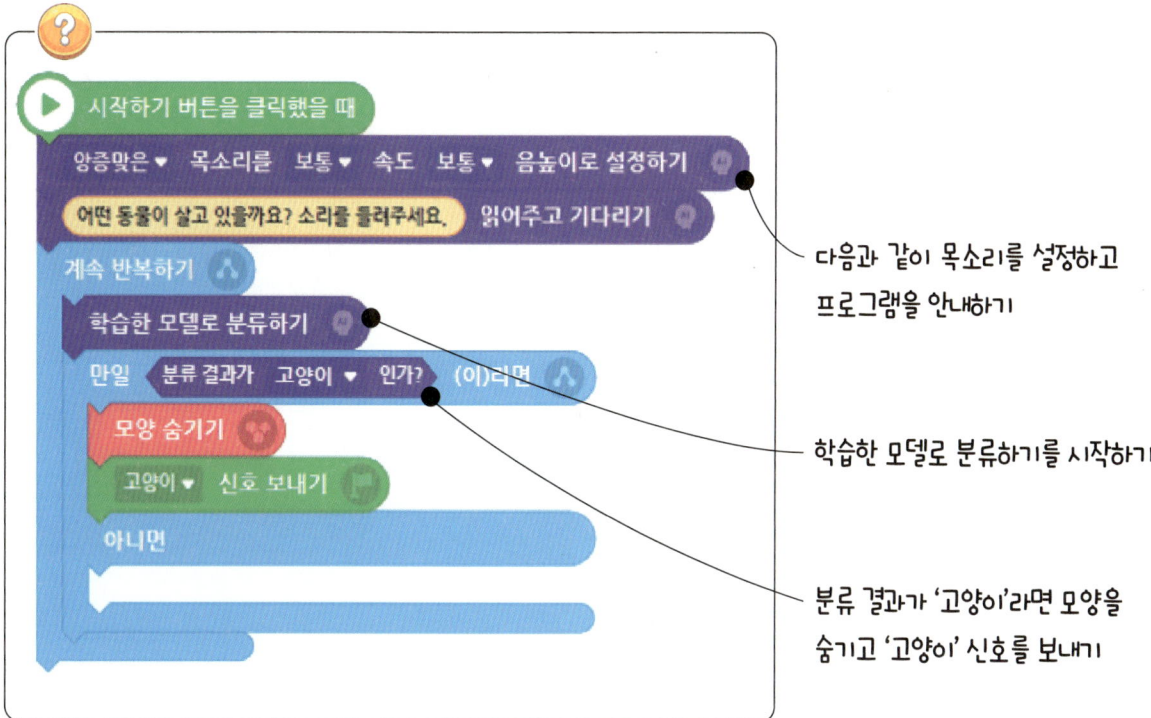

02 01번에서 만든 코드 중 '만일~(이)라면 아니면' 블록의 '아니면' 아래에 다음 코드를 추가합니다.

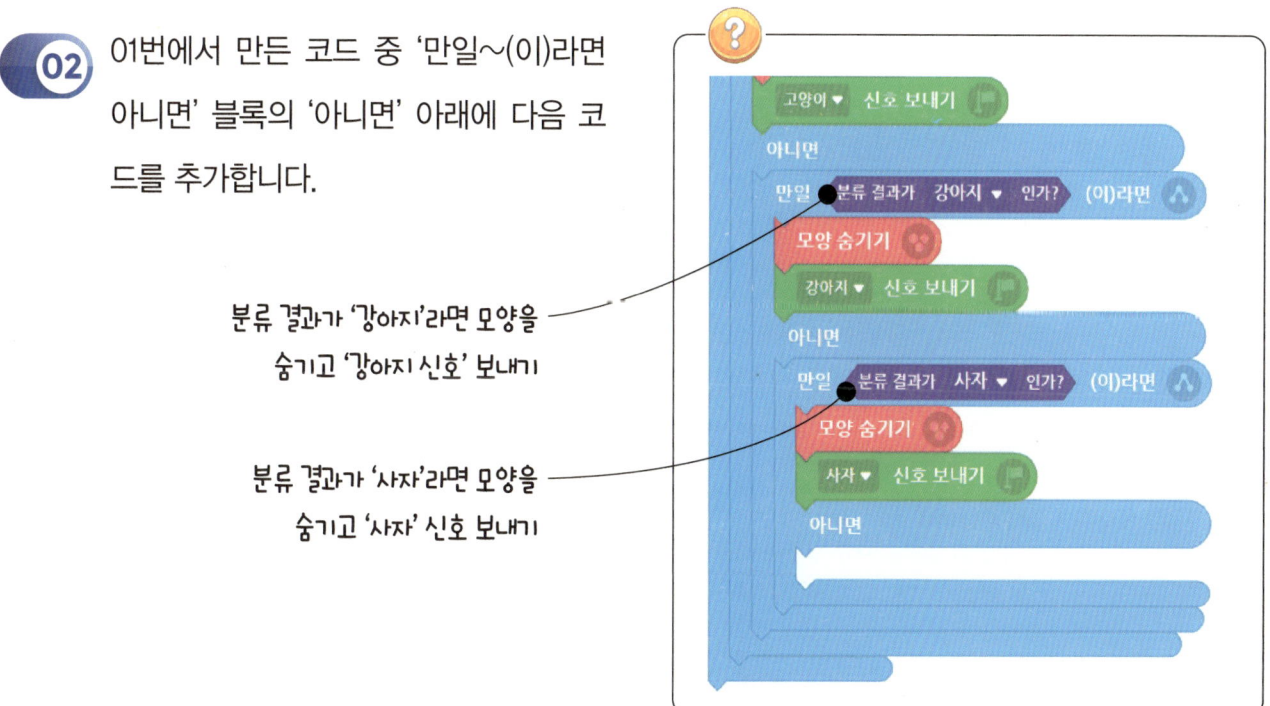

인공지능

03 02번에서 추가한 '만일 ~(이)라면 아니면' 블록의 '아니면' 아래에 다음 코드를 추가합니다.

분류 결과가 '돼지'라면 모양을 숨기고 '돼지' 신호 보내기

위의 동물이 아니라면 모양을 숨기고 '닭' 신호 보내기

04 [속성] 탭에서 [함수]를 선택하고 다음과 같이 함수를 추가합니다.

함수를 정의할 수 있는 창이 생김

05 함수의 이름을 정하고 다음과 같이 코드를 작성해 함수를 만듭니다.

함수 이름을 '동물 등장'으로 정하기

버튼이 있던 위치인 (-70, -30)에 동물 오브젝트 등장하기

분류 결과로 나온 동물이 살고 있었다고 읽어주기

각 동물의 다음 모양으로 계속해서 바뀌면서 보이기

06 '사자' 오브젝트를 선택한 상태에서 다음과 같이 코드를 작성합니다.

 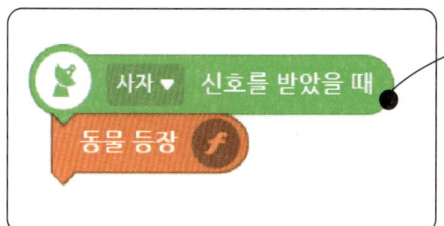

사자 신호를 받았을 때 '동물 등장' 함수 호출하기

07 '돼지' 오브젝트를 선택한 상태에서 다음과 같이 코드를 작성합니다.

돼지 신호를 받았을 때 '동물 등장' 함수 호출하기

08 '강아지' 오브젝트를 선택한 상태에서 다음과 같이 코드를 작성합니다.

강아지 신호를 받았을 때 '동물 등장' 함수 호출하기

09 '고양이' 오브젝트를 선택한 상태에서 다음과 같이 코드를 작성합니다.

고양이 신호를 받았을 때 '동물 등장' 함수 호출하기

10 '닭' 오브젝트를 선택한 상태에서 다음과 같이 코드를 작성합니다.

닭 신호를 받았을 때 '동물 등장' 함수 호출하기

인공지능

알아보기

동일한 코드가 자주 반복되는 경우 함수로 정의해 필요할 때마다 해당 함수로 호출하여 사용할 수 있습니다. 이렇게 함수를 사용하면 긴 명령어를 짧게 줄여 효율적으로 코드를 만들 수 있을 뿐만 아니라 코드가 한눈에 들어와 코드의 가독성이 높아집니다.

① 함수를 만드는 방법을 알아봅시다.

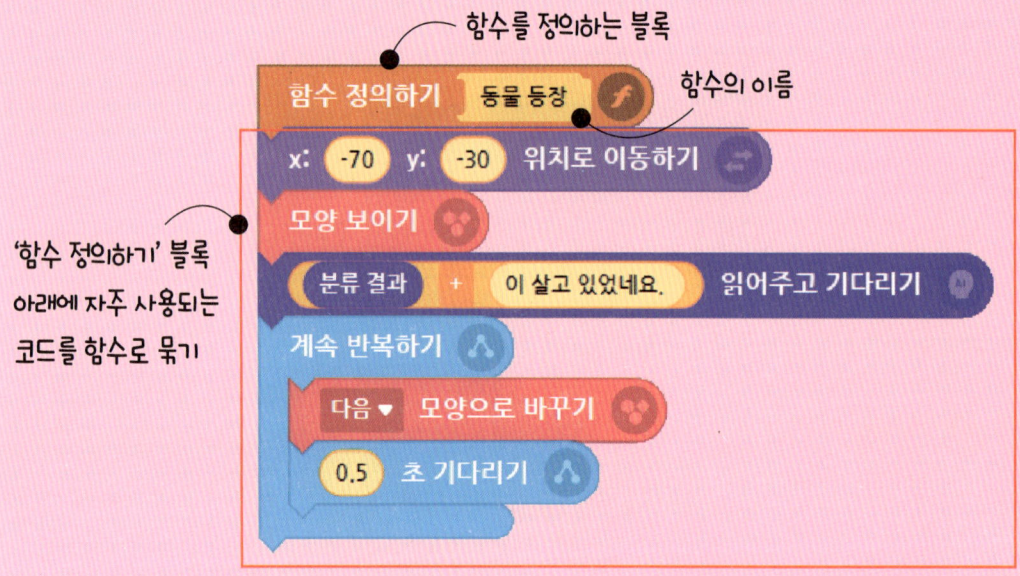

② 함수를 호출하는 방법을 알아봅시다.

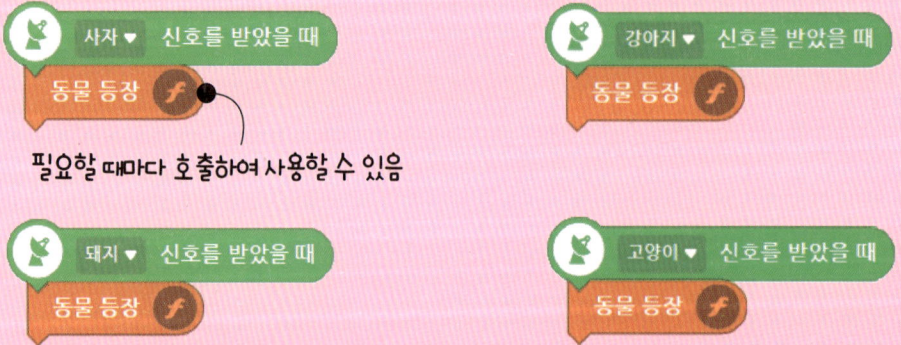

도전하기

<어떤 동물이 살고 있을까요?> 프로그램에 장면을 추가해 각 동물이 살고 있는 장소를 추가한 프로그램을 만들어 보세요.

각 동물이 살고 있는 배경을 다르게 추가한 장면을 만들어요.

| 장면 1 | 닭 | 강아지 | 고양이 | 사자 × | 돼지 | + |

X : 218.0, Y : 120.0

Mission 01 [+] 버튼을 눌러 각 장면을 추가해요.

| 장면 1 | 닭 | 강아지 | 고양이 | 사자 | 돼지 × | + |

Mission 02 장면이 시작되었을 때 함수를 호출해 사용해요.

장면이 시작되었을 때   동물 등장

8 로봇과 인공지능의 만남

지능형 로봇이라고 불리는 인공지능 로봇은 외부환경을 인식하고, 스스로 상황을 판단하여 자율적으로 동작할 수 있습니다. 이때 외부 환경을 인식하기 위해서는 카메라, 센서 등의 도움이 필요합니다.

무엇을 배울까?

1. 다양한 AI 로봇을 살펴보고 특징을 이해합니다.
2. AI 로봇이 사람을 돕기 위해 필요한 센서 등을 알아봅니다.
3. 로봇에 필요한 기능을 찾아 오리고 붙여 AI 로봇을 완성합니다.

	준비물 목록
1	AI 로봇 도안(부록)
2	가위, 풀

AI 로봇은 사람의 목소리, 표정과 동작 등에서 데이터를 수집하고, 이를 바탕으로 적절한 도움을 줄 수 있습니다.

Coding School

인공지능 로봇의 특징을 알고 각종 센서와 카메라를 활용한 인공지능 로봇 완성 놀이를 해 봅시다.

Q1 로봇은 어떻게 데이터를 수집하나요?
로봇은 다양한 센서와 카메라 등을 활용해 사람과 사물, 주변 환경으로부터 데이터를 수집합니다.

Q2 어떤 AI 로봇이 있나요?
물건을 배달해 주는 AI 로봇, 학습을 보조해 주는 AI 로봇, 병간호하는 AI 로봇 등 종류는 무궁무진합니다.

AI 로봇과 상호작용하며 정서적으로 안정되거나 학습이나 생활에 도움을 받을 수 있습니다.

인공지능

다양한 AI 로봇을 살펴봐요

01 이 책의 자료 홈페이지(http://itbook.kyohak.co.kr/ai)에 접속하여 '얼굴 '척' 보면 '착' 아는 AI로봇 '페퍼'…"마스크 쓰세요~"' 영상을 확인하세요!

얼굴 '척' 보면 '착' 아는 AI로봇 '페퍼'…"마스크 쓰세요~" / 출처 : 연합뉴스(YonhapnewsTV)

02 영상에 등장하는 로봇의 이름은 무엇인가요?

03 영상 속 인공지능 로봇은 최근 무슨 일을 하고 있나요?

04 영상 속 인공지능 로봇은 무엇을 이용해 사람들의 얼굴을 스캔해 마스크 착용 여부를 알 수 있나요?

05 이 책의 자료 홈페이지(http://itbook.kyohak.co.kr/ai)에 접속하여 '배달부터 요리까지 척척…인공지능 로봇 열풍' 영상을 확인하세요!

배달부터 요리까지 척척…인공지능 로봇 열풍 / 출처 : 연합뉴스TV(YonhapnewsTV)

06 영상에 등장하는 여러 로봇들은 각각 어떤 일을 하나요?

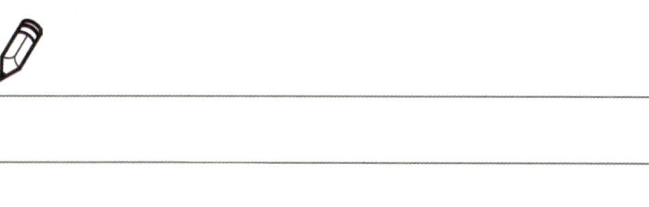

07 각 로봇들이 사용하는 센서를 적어보세요.

08 카메라 또는 각종 센서들이 하는 역할은 무엇인가요?

인공지능

인공지능 로봇에게 필요한 센서를 알아봐요

물체나 사람을 인식하기 위해 카메라 센서가 필요해요.

어둡고 밝은 곳을 구분해 불을 켜거나 끄고, 소리로 알려줄 수 있어요.

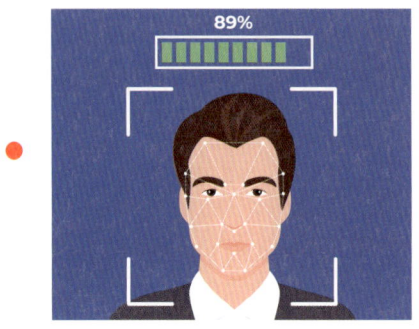

음성 센서를 활용해 사람의 목소리를 정확하게 구분하고, 어떤 말을 하는지 알 수 있어요.

장애물이나 물체를 인식해 목적지까지 안전하게 음식을 배달하기 위해서는 장애물 감지 센서가 필요해요.

인공지능 로봇을 완성해요

01 부록에 있는 인공지능 로봇을 오려 봅시다.

02 어떤 역할을 하는 로봇인지 여러분이 직접 임무를 부여해 보세요.

03 어떤 역할을 하는 로봇인지 여러분이 직접 임무를 부여해 보세요.

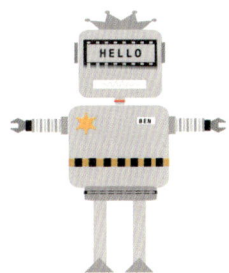

인공지능

04 어떤 역할을 하는 로봇인지 여러분이 직접 임무를 부여해 보세요.

---

05 부여한 임무를 수행하기 위해 필요한 센서 등을 부록에서 찾아서 인공지능 로봇에 오려 붙입니다.

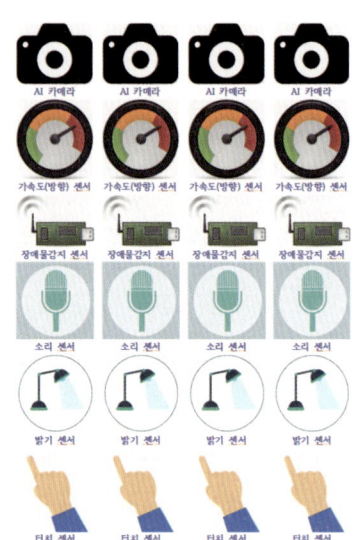

06 원하는 센서가 없다면 직접 그려서 붙여 봅시다.

인공지능 로봇이 우리 생활에 어떤 영향을 미칠까요?

01 앞에서 알아본 것처럼 인공지능 로봇이 우리 생활에 어떤 영향을 미칠지 생각하고 적어보세요.

02 어떤 인공지능 로봇이 있으면 우리 생활이 더 편리해질지 생각하고 적어보세요.

03 인공지능 로봇과 함께 살아가는 우리의 모습을 간단하게 그려보세요.

인공지능

알아보기

햄스터 로봇에 카메라를 달아 인공지능 로봇으로 만들 수 있습니다. 카메라가 햄스터의 눈 역할을 하며 주변의 다양한 정보를 수집하고, 분석해 문제를 척척 해결할 수 있습니다. 햄스터에 카메라를 연결하는 방법부터 알아볼까요?

① 햄스터 로봇에 달려 있는 카메라의 전원을 켭니다. 컴퓨터와 연결한 무선 네트워크 어댑터의 Wi-Fi(①)를 선택한 뒤 카메라의 ID와 연결(②)합니다.

연결 비밀번호 예: 168168168

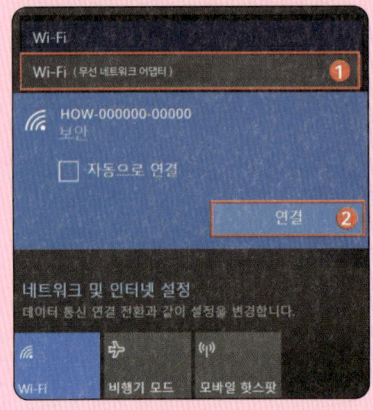

② 연결된 카메라의 속성을 클릭한 뒤 연결된 카메라의 IPv4 DNS 서버를 복사합니다. 복사한 IPv4 DNS 서버를 인터넷 브라우저 주소 창에 붙이고 :(colon)을 입력한 후 9527(포트번호)을 입력합니다.

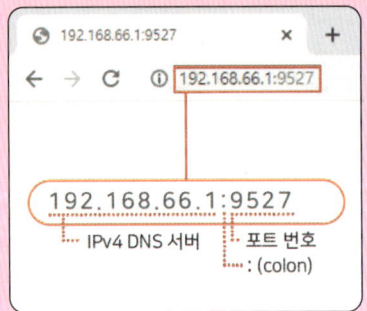

③ 인터넷 브라우저에 정상적으로 접속이 되면 카메라 뒤에 적힌 사용자 ID와 비밀번호를 입력합니다.

USER: admin PW: admin

④ 웹 브라우저 IP Cam 화면에서 'Video Stream'을 선택해 카메라 영상이 나오도록 합니다.

⑤ 스트림 화면의 영상 부분에서 오른쪽 마우스를 클릭하여 [이미지 주소 복사]를 클릭하여 URL을 복사합니다.

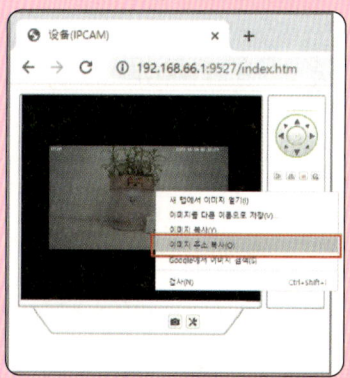

⑥ 엔트리 사용을 위해 IP 카메라를 MJPEG로 변환하는 프로그램을 설치합니다.

https://ip-webcam.appspot.com에서 IP Camera Adapter 4.0을 다운로드 후 설치합니다.

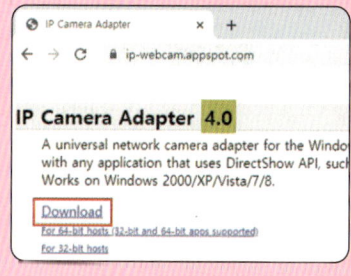

⑦ 설치된 프로그램을 실행합니다.

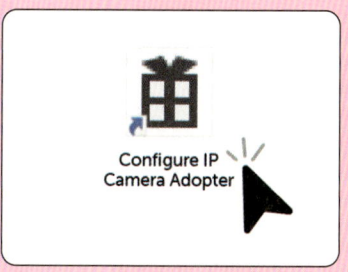

인공지능

⑧ 복사했던 IP Cam의 URL을 Camera feed URL에 붙여 넣고, 카메라 뒤에 적힌 사용자 ID와 비밀번호를 입력한 후 적용을 클릭합니다.

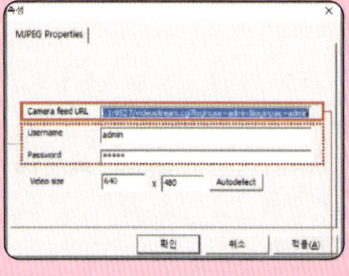

⑨ PC와 카메라를 연결한 뒤 엔트리 비디오 감지 기능을 활용하기 위해 [인공지능]을 선택하고 [인공지능 불러오기]를 클릭합니다.

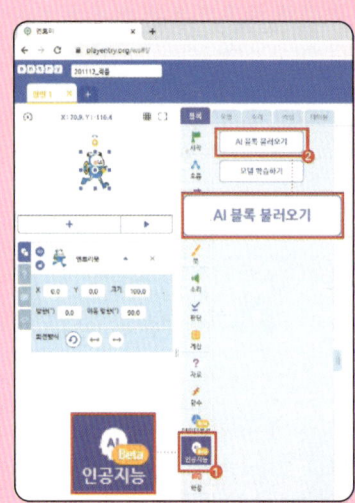

⑩ [비디오 감지]를 선택 후 [추가하기]를 클릭합니다.

⑪ 비디오 감지 블록 로딩이 완료되면 비디오 감지 블록들과 하드웨어 블록들을 활용해 코드를 작성합니다.

읽을거리

인공지능과 로봇

로봇이란 사전적 의미로 어떤 작업이나 조작을 자동적으로 행하는 기계 장치를 의미합니다. 많은 사람들이 대부분의 로봇이 인공지능에 의해 작동된다고 생각하기 쉬우나 아직까지 대부분의 로봇은 사전에 입력된 논리회로에 의해 작동되는 자동화 장치 수준에 머물러 있습니다. 공장에서 많이 활용되는 로봇이나 가정용 청소 로봇의 경우에도 일정한 논리회로에 따라 작동되기 때문에 완전 자율 로봇이라 보기 어렵습니다.

산업용 로봇의 경우 대상 작업을 입력된 논리 구조에 따라 빠르고 정확하게 작업하는 것을 목적으로 하며 생산성과 정확성 면에서는 인간의 능력을 초월하고 있습니다. 최근엔 로봇이 인간과 역할을 분담하는 코봇이 산업 현장에 확산되어 로봇-인간의 공동작업으로 생산성이 85% 이상 증가했다는 보고도 있습니다. 이와같이 위치가 고정된 산업용 로봇과 달리 다른 장소로 물품과 사람을 옮기는 이동 로봇의 경우 물류 창고 등에서 널리 활용되며 주로 논리 구조에 따라 작동되기도 하지만 스스로 주변의 새로운 변화를 감지하고 대응한다는 면에서 부분 자율 로봇이라 볼 수 있습니다.

자율 로봇의 핵심은 이동과 동작의 안정성입니다. 이를 위해서는 각종 센서와 카메라 등에서 수집한 3차원 공간 데이터를 실시간으로 해석하고 처리할 수 있는 능력을 가져야 합니다. 또한 사람의 인체엔 움직이는 관절이 300여개 이상 되지만 로봇의 경우 움직일 수 있는 관절이 수십 개에 불과합니다. 즉, 물리적으로 인체의 움직임을 로봇이 완벽하게 재현하기란 쉽지 않습니다. 이러한 기술적 어려움에도 불구하고 인공지능 기술의 발전은 영화 속에 등장하는 휴머노이드 형 자율지능로봇을 꿈꾸게 하고 있습니다. 햄스터 로봇에 카메라를 장착함으로써 이전보다는 좀 더 세상을 정확하게 인식할 수 있도록 만든 것처럼 언젠가는 영화 속 인공지능 로봇이 우리 인간과 함께 살아갈 미래가 펼쳐질 것입니다.

9 안전 로봇이 왔어요!

교통안전 표지판을 읽을 수 있는 로봇이 있다면 보다 안전하게 이동할 수 있지 않을까요? 여러 가지 교통안전 표지판을 구분할

무엇을 배울까?

1. 어린이보호구역, 위험지역, 보행 중 스마트폰 금지와 같은 표지판을 구분하는 머신러닝 모델을 만듭니다.
2. 각 표지판을 인식했을 때 어린이들에게 안전수칙을 알려주는 안전로봇 프로그램을 만듭니다.
3. 프로그램을 실행해 안전로봇의 역할을 잘 수행하는지 확인합니다.

준비물 목록	
1	햄스터 로봇, 동글
2	무선 카메라, 무선 네트워크 어댑터
3	교통안전 표지판(어린이 보호구역, 위험지역, 보행 중 스마트폰 금지 등) 이미지, 종이컵, 테이프 등

햄스터 로봇이 학습한 모델과 카메라를 활용해 교통안전 이미지를 읽을 수 있습니다.

Coding School

수 있는 인공지능 모델을 활용해 안전 로봇 프로그램을 만들어 봅시다.

Q1 무선 카메라를 꼭 이용해야 하나요?
무선 카메라가 없다면 노트북에 내장된 카메라 또는 유선 웹캠 등을 활용해도 됩니다. 하지만, 로봇이 바라보는 시선에서 실감나게 활동하기 위해서는 무선 카메라를 활용하는 것이 좋습니다.

Q2 무선 네트워크 어댑터가 꼭 있어야 하나요?
네. 현재 엔트리 인공지능 모델은 온라인 버전에서만 가능합니다. 엔트리 온라인 버전과 무선 카메라를 동시에 사용하기 위해서는 무선 네트워크 어댑터가 꼭 필요합니다.

햄스터 AI 안전 로봇은 무선 카메라를 활용하여 길을 따라 움직입니다. 인식한 교통안전 표지판이 무엇인지 판단해 어린이들에게 안전 수칙을 알려줍니다.

인공지능

머신러닝 모델을 만들어요

01 http://itbook.kyohak.co.kr/ai 웹페이지에 접속합니다. 오른쪽 화면과 같이 'PART-9 안전 로봇이 왔어요!'에 있는 '이미지 데이터셋 내려받기'를 클릭하여 '9-dataset.zip' 파일을 내려 받아서 압축을 해제합니다.

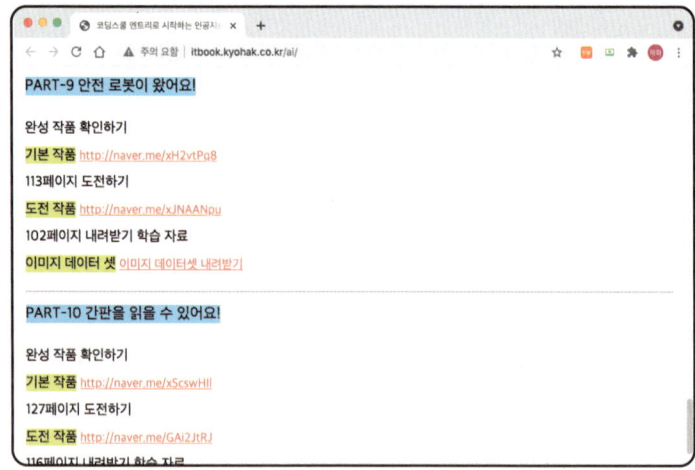

02 인공지능 카테고리에서 [인공지능 모델 학습하기]를 클릭합니다.

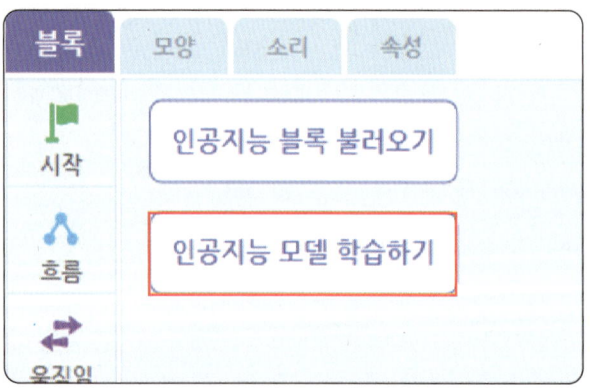

03 [분류: 이미지]를 선택하고, [학습하기]를 클릭합니다.

학습하기를 클릭합니다.

04 머신러닝 모델의 이름을 정하고, 클래스1, 2, 3에 각각 '어린이보호구역', '위험지역', '보행중스마트폰금지'로 입력합니다.

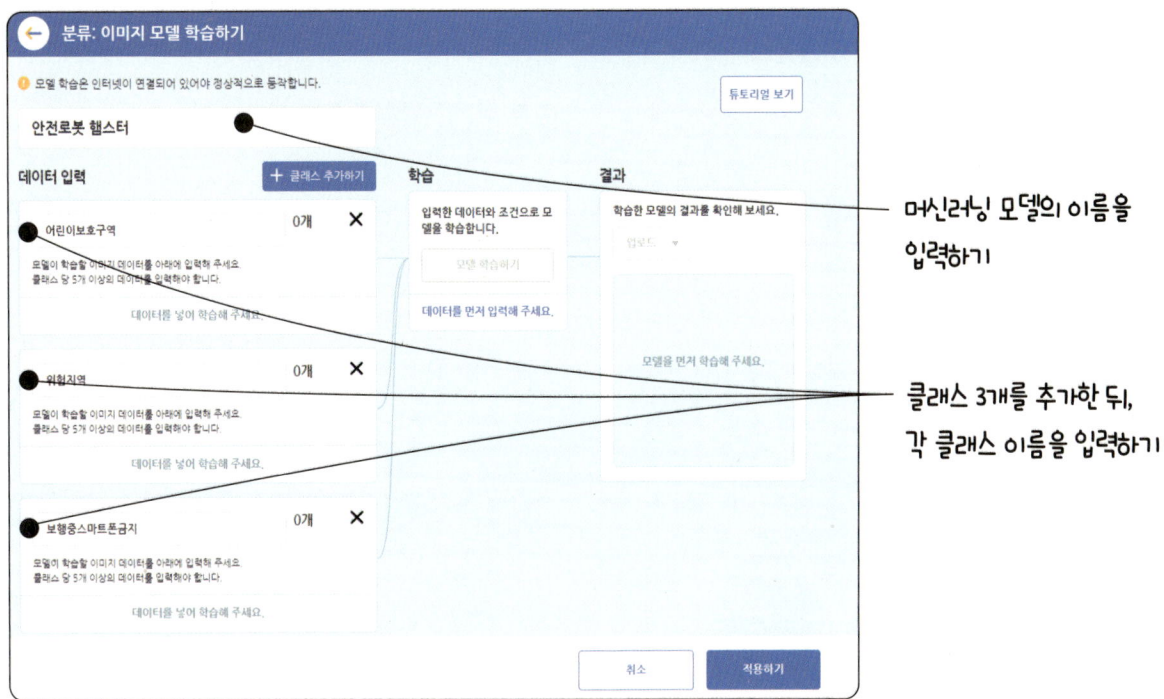

05 '어린이보호구역' 클래스에 어린이 보호구역과 관련된 안전 표지판 이미지 파일들을 업로드합니다.

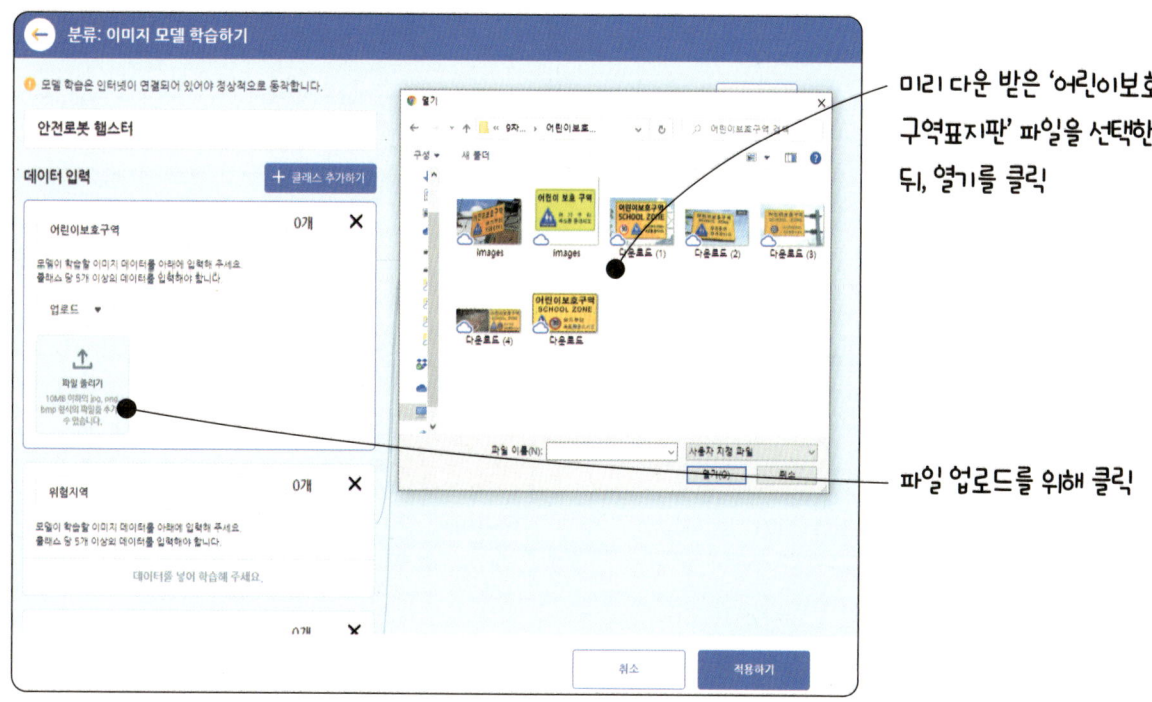

인공지능

06 '어린이보호구역' 클래스에 업로드된 파일을 확인할 수 있습니다.

07 같은 방법으로 '위험지역' 클래스와 '보행중스마트폰금지' 클래스에도 각각 이미지 파일을 업로드하여 이미지 데이터를 추가합니다.

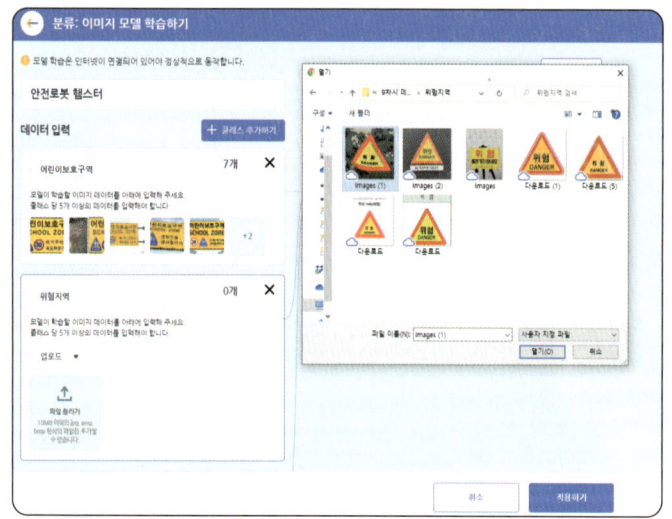

08 '학습' 창에서 [모델 학습하기]를 클릭합니다.

09 '결과' 창에서 표지판 이미지 데이터를 촬영 또는 업로드해 머신러닝 모델이 잘 만들어졌는지 확인합니다.

10 블록 꾸러미에 인공지능 블록이 만들어진 것을 확인할 수 있습니다.

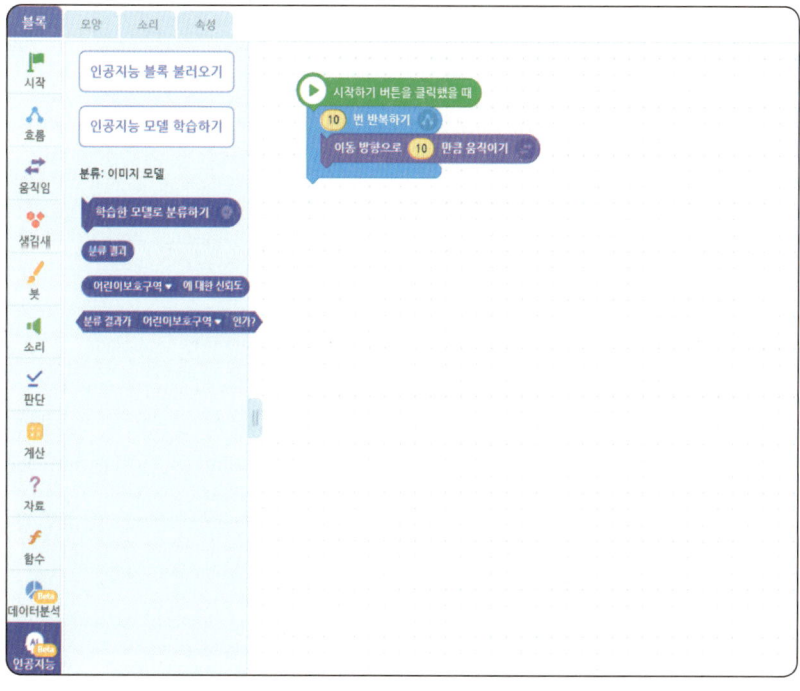

인공지능

하드웨어와 인공지능 블록을 추가해요

01 하드웨어 카테고리를 클릭해 엔트리와 하드웨어를 연결합니다.

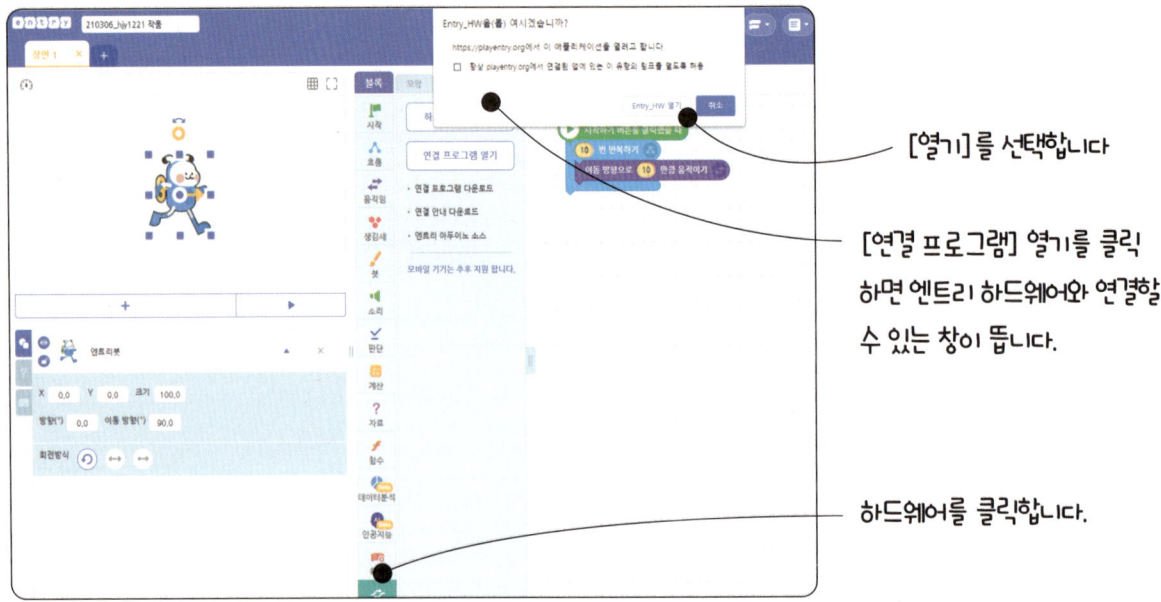

[열기]를 선택합니다

[연결 프로그램] 열기를 클릭하면 엔트리 하드웨어와 연결할 수 있는 창이 뜹니다.

하드웨어를 클릭합니다.

02 '하드웨어 > 연결 대기' 창이 열리면 가지고 있는 햄스터 동글을 컴퓨터에 연결하고, 햄스터 로봇의 전원을 켭니다.

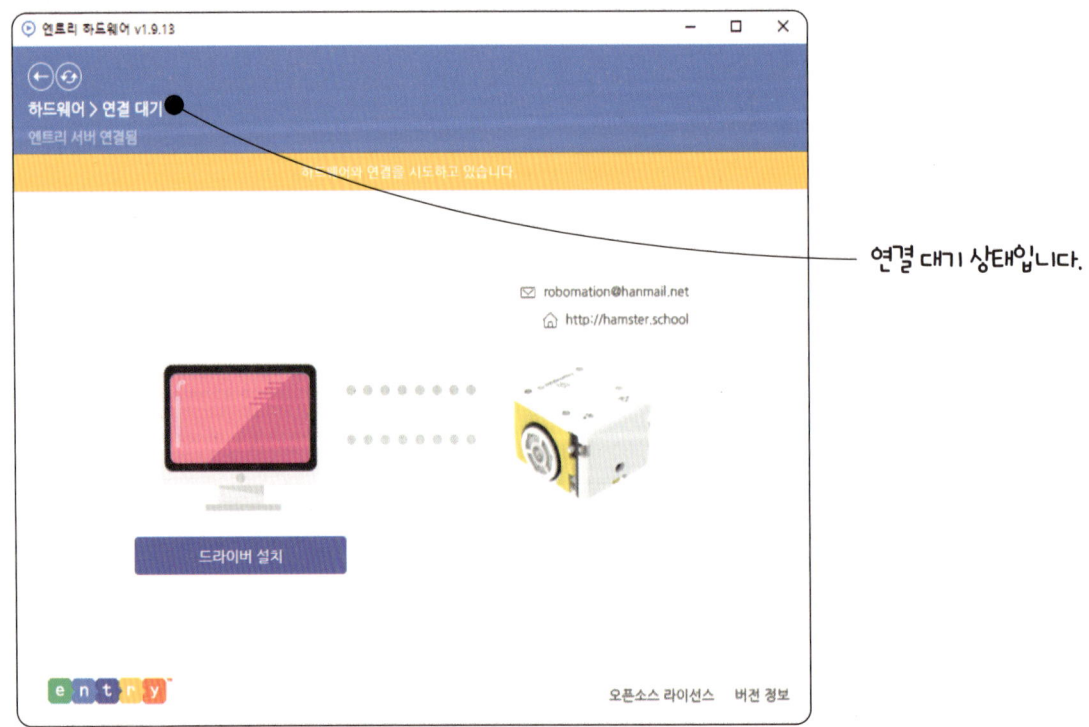

연결 대기 상태입니다.

03 '하드웨어〉연결 성공' 창으로 바뀌면 이 창을 끄지 않고 최소화합니다.

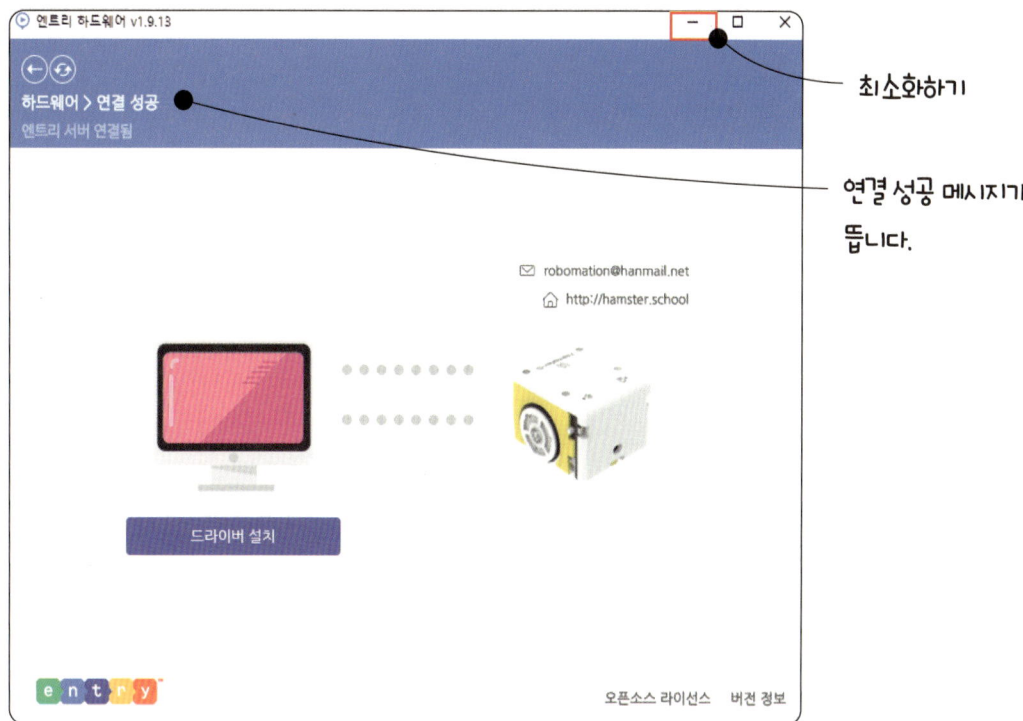

최소화하기

연결 성공 메시지가 뜹니다.

04 블록 꾸러미에 햄스터 하드웨어와 관련된 블록이 만들어진 것을 확인할 수 있습니다.

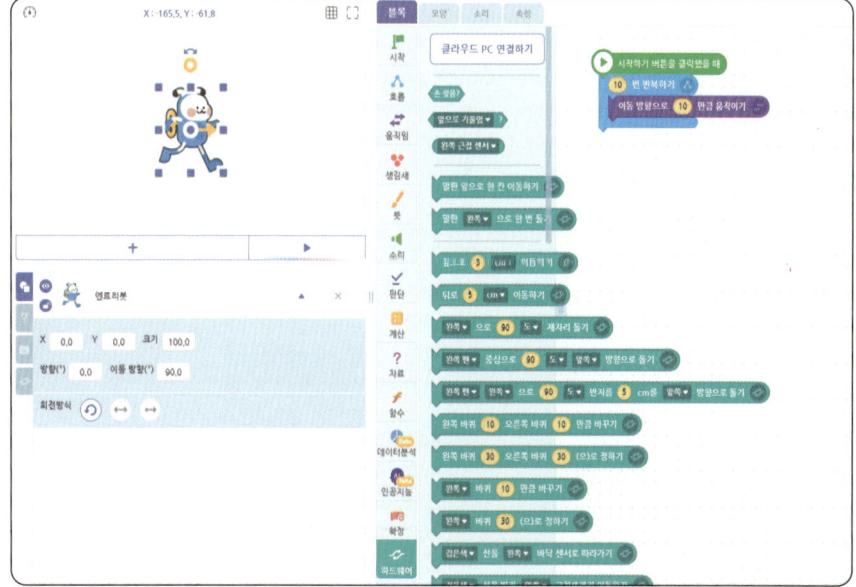

인공지능

05 인공지능 카테고리에서 [인공지능 블록 불러오기]를 클릭한 뒤 [비디오 감지]와 [읽어주기]를 추가합니다.

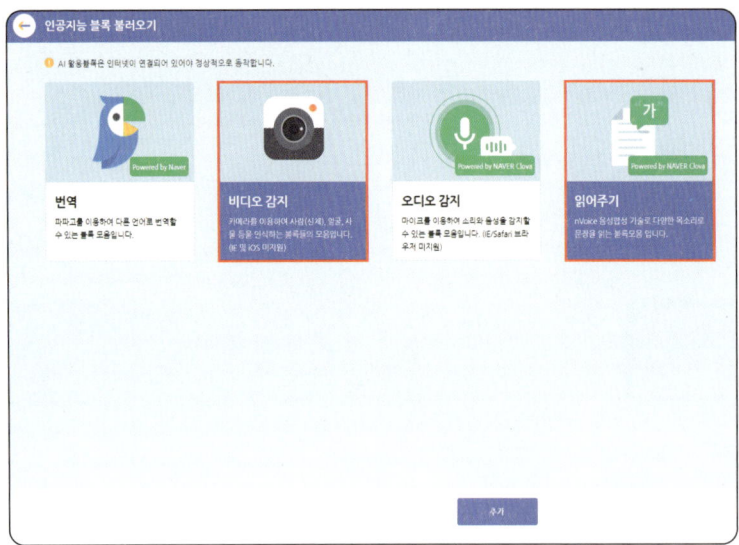

06 '카메라 바꾸기' 블록을 활용해 코드를 작성한 뒤, 무선 카메라인 'MJPEG 카메라'를 선택합니다.

TIP 무선 카메라와 엔트리를 연결하는 방법은 96쪽을 참고합니다.

07 '비디오 투명도 효과를 0으로 정하기' 블록과 '비디오 화면 보이기' 블록을 차례로 추가해 무선 카메라가 제대로 작동하는지 확인합니다.

안전로봇을 만들어요

01 [속성] 탭에서 [신호]를 선택하고 다음과 같이 신호 3개를 추가합니다.

속성 탭에서 신호를 선택한 뒤 "보행 중 스마트폰 금지", "위험 지역", "어린이 보호 구역" 신호를 추가합니다.

02 기본 엔트리봇 오브젝트를 선택한 상태에서 다음과 같이 코드를 작성합니다.

햄스터 로봇을 계속 앞으로 이동시키기

이동하던 로봇 앞에 장애물이 감지되면 이동 멈추기

109

인공지능

03 02번에서 만든 코드 아래에 다음 코드를 추가합니다.

- 분류 결과가 '어린이보호구역'이면 '어린이보호구역' 신호 보내기
- 분류 결과가 '위험지역'이면 '위험지역' 신호 보내기
- 분류 결과가 '어린이보호구역'도 '위험지역'도 아니라면 '보행 중 스마트폰금지' 신호 보내기

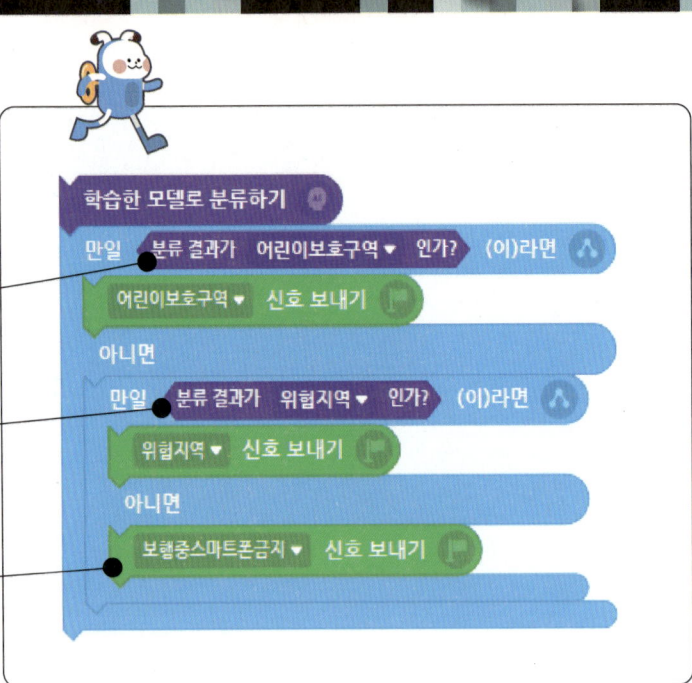

04 '기본 엔트리봇' 오브젝트를 선택한 상태에서 코드를 추가합니다.

- '어린이보호구역' 신호를 받았을 때 다음 내용을 읽어주기
- 삐 소리 재생을 5번 반복하기

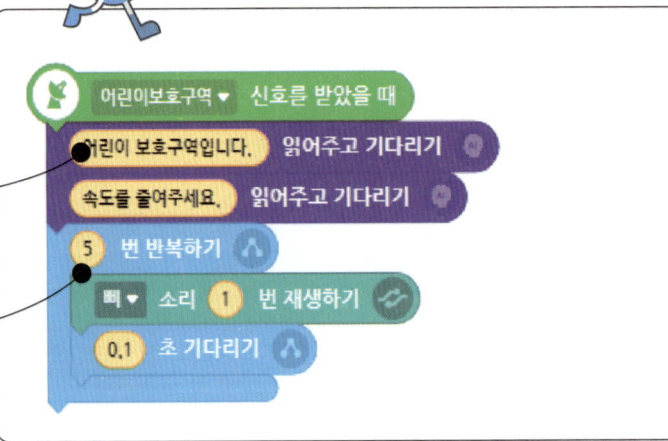

05 '기본 엔트리봇' 오브젝트를 선택한 상태에서 코드를 추가합니다.

- '위험지역' 신호를 받았을 때 양쪽 LED에 빨간 불을 켜고 '위험 경고' 소리 재생하기
- 위험지역임을 알리고 다른 길로 가달라고 말하기

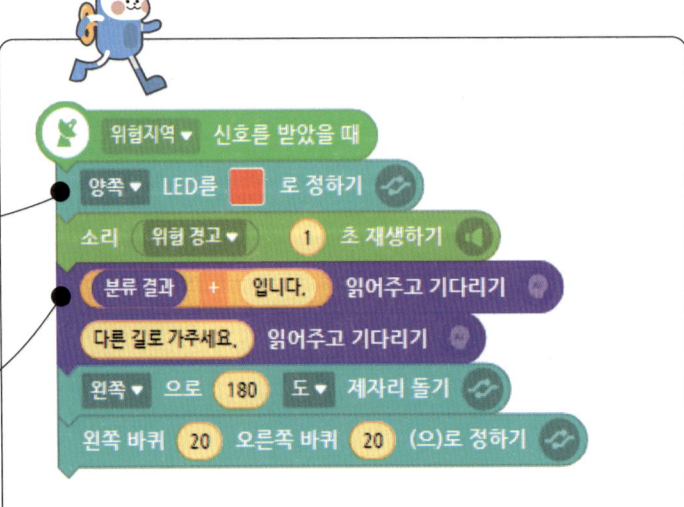

06 '기본 엔트리봇' 오브젝트를 선택한 상태에서 코드를 추가합니다.

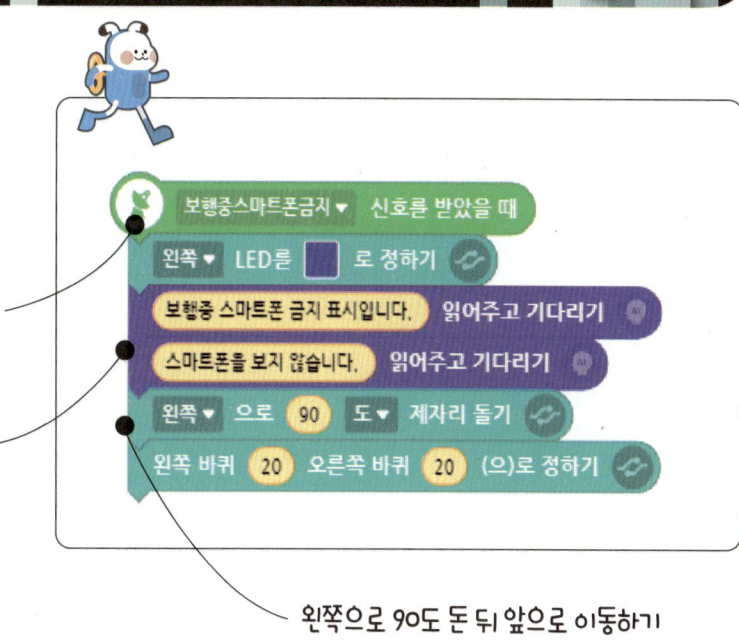

'보행중스마트폰 금지' 신호를 받았을 때 왼쪽 LED에 파란 불을 켜기

보행 중 스마트폰 금지 표시임을 알리고 스마트폰을 보지 말라고 말하기

왼쪽으로 90도 돈 뒤 앞으로 이동하기

07 프로그램을 실행해 안전 로봇이 어떻게 작동하는지 확인해 봅시다.

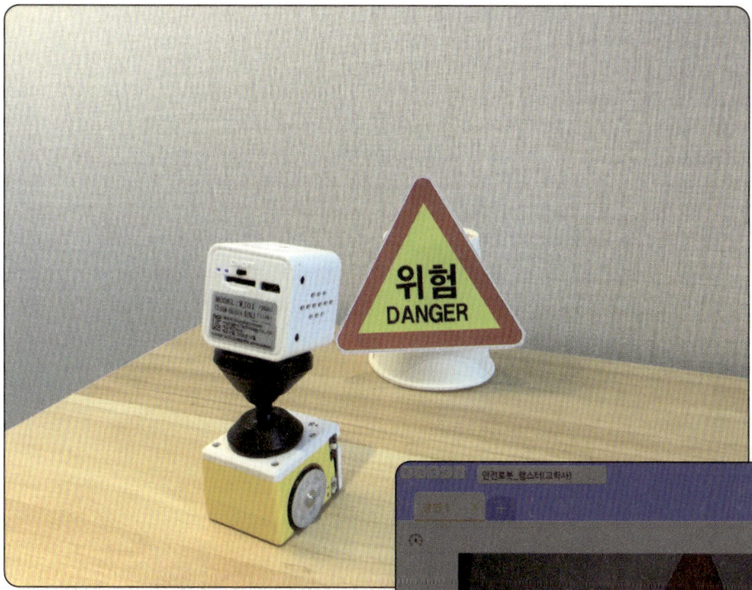

인공지능

알아보기

햄스터에 카메라를 연결하는 방법을 알아봅시다. 거치대가 없어도 양면 테이프를 사용해 붙일 수 있습니다.

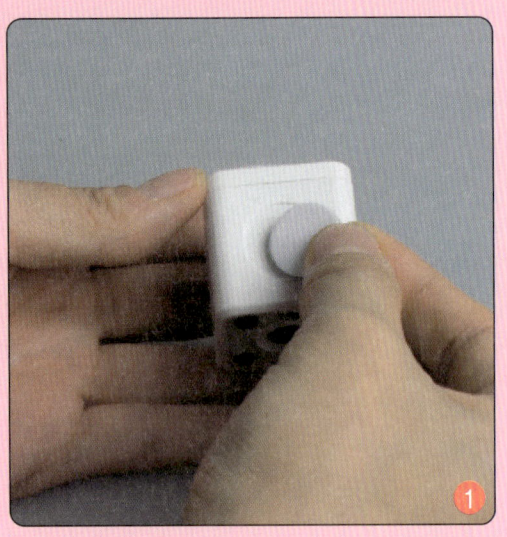

① 카메라 하단의 표시된 자리에 거치용 양면 테이프를 붙여줍니다. 없다면 일반 양면 테이프를 사용해도 됩니다.

② 반대편 보호 필름을 제거한 후 햄스터 로봇의 중앙에 맞춰 카메라를 붙입니다.

③ 카메라와 햄스터가 서로 맞닿게 단단히 고정한 뒤 사용하면 됩니다.

④ 카메라 거치대가 있는 경우는 사진과 같이 거치대를 활용합니다. 거치대가 있으면 카메라 각도 조절이 되므로 카메라를 더 다양하게 활용할 수 있습니다.

도전하기

작품 주소 http://naver.me/xJNAANpu

<안전 로봇이 왔어요> 프로그램에 햄스터 로봇이 구분할 수 있는 안전 표지판을 추가한 프로그램을 만들어 봅시다.

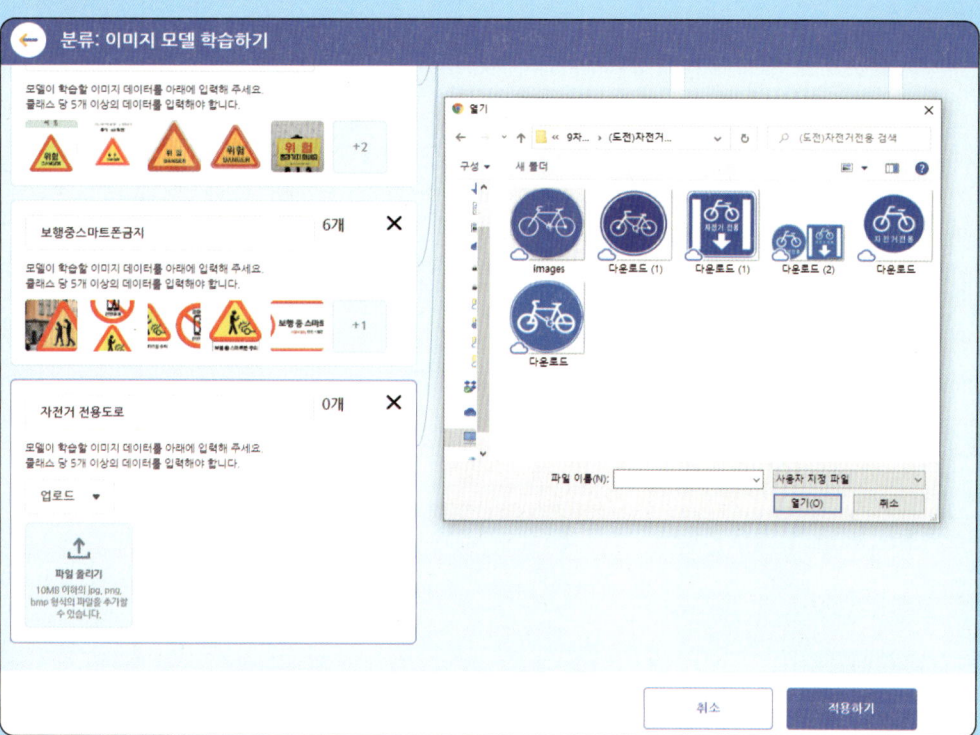

Mission 01 클래스 <자전거 전용도로>를 추가해요.

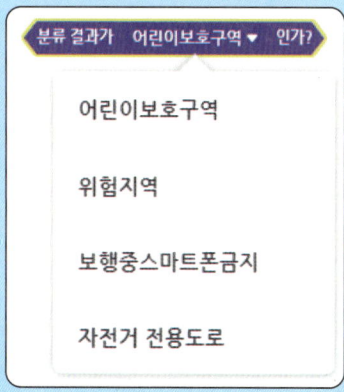

Mission 02 '자전거 전용도로' 신호를 받았을 때 햄스터 로봇이 움직이고 소리를 내도록 코드를 작성해요.

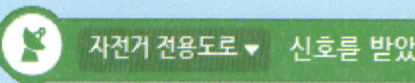

10 간판을 읽을 수 있어요!

로봇이 다양한 기관의 간판을 읽을 수 있다면 원하는 목적지까지 쉽게 찾아갈 수 있습니다. 여러가지 간판을 구분할 수 있는 인공

무엇을 배울까?

1. 우체국, 병원 등의 간판을 구분하는 머신러닝 모델을 만듭니다.
2. 간판을 인식했을 때 목적지인지 아닌지를 판단해 알맞게 동작하는 로봇 프로그램을 만듭니다.
3. 프로그램을 실행해 알맞은 장소로 제대로 도착했는지 확인합니다.

	준비물 목록
1	햄스터 로봇, 동글
2	무선 카메라, 무선 네트워크 어댑터
3	우체국, 병원 등 장소를 나타내는 간판이나 마크 이미지, 종이컵, 테이프 등

햄스터 로봇이 이동하면서 학습한 모델과 카메라를 활용해 '우체국'을 인식합니다. 목적지가 아니므로 계속해서 움직입니다.

Coding School

지능 모델을 활용해 간판을 따라 이동하는 로봇 프로그램을 만들어 봅시다.

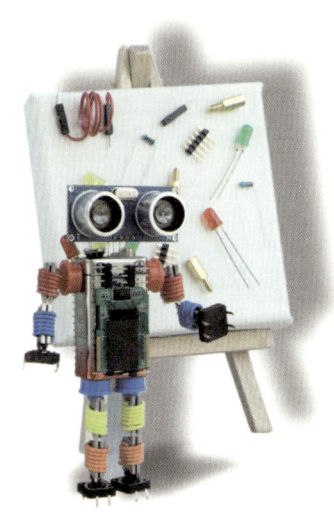

Q1 햄스터 로봇만 인공지능 기능을 활용할 수 있나요?

아닙니다. 엔트리에 연결되는 다른 로봇들도 엔트리의 인공지능 기능을 활용할 수 있습니다. 다만, '인공지능 모델 만들기'가 되지 않는 로봇이 있을 수 있습니다.

Q2 충전 표시등과 연결 표시등이 켜지지 않아요.

배터리가 부족할 때 나타나는 증상입니다. 햄스터와 무선 카메라 모두 실습 전에 완전히 충전을 시킨 뒤 사용합시다.

무선 카메라를 활용한 햄스터 로봇이 길을 따라 움직이다 목적지인 '병원'을 인식하고, 그에 알맞은 반응을 보입니다.

인공지능

머신러닝 모델을 만들어요

01 http://itbook.kyohak.co.kr/ai 웹 페이지에 접속합니다. 오른쪽 화면과 같이 'PART-10 간판을 읽을 수 있어요!'에 있는 '이미지 데이터셋 내려받기'를 클릭하여 '10-dataset.zip' 파일을 내려 받아서 압축을 해제합니다.

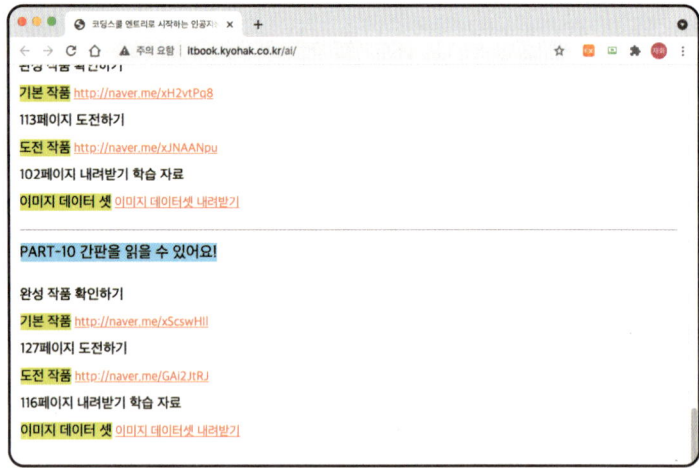

02 인공지능 카테고리에서 [인공지능 모델 학습하기]를 클릭합니다.

03 [분류: 이미지]를 선택하고, [학습하기]를 클릭합니다.

04 머신러닝 모델의 이름을 정하고, 클래스1, 2에 각각 '우체국', '병원'으로 입력합니다.

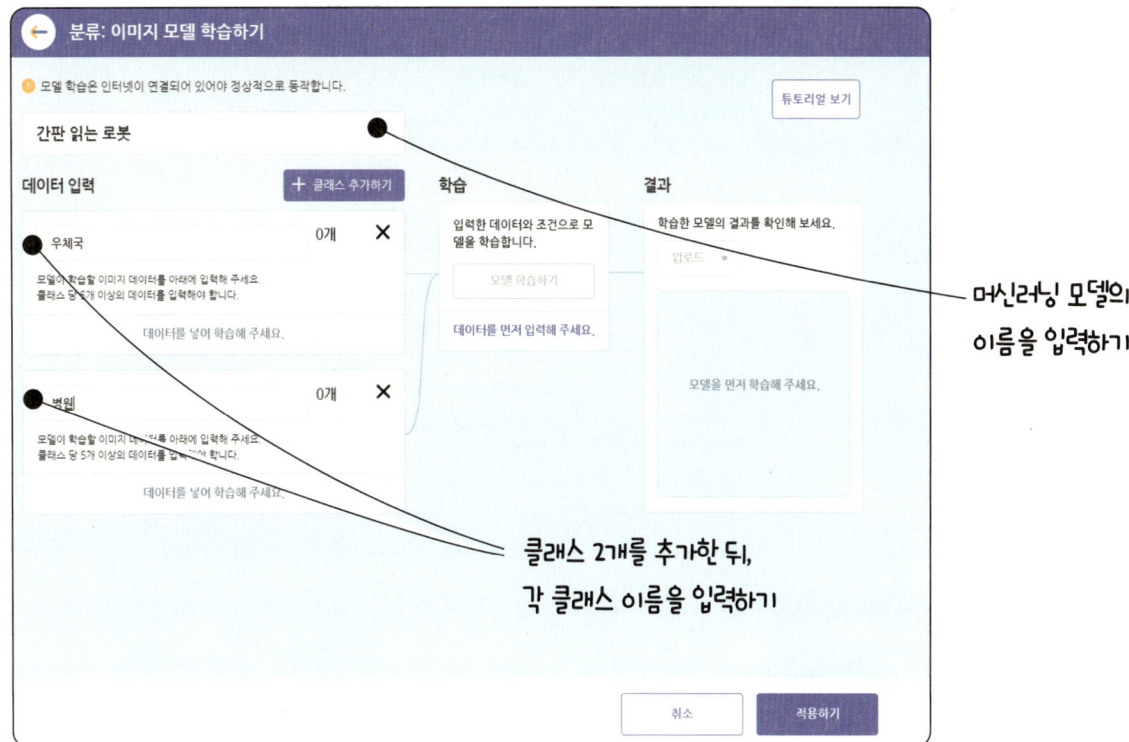

05 '우체국' 클래스에 우체국과 관련된 간판 이미지 파일들을 업로드합니다.

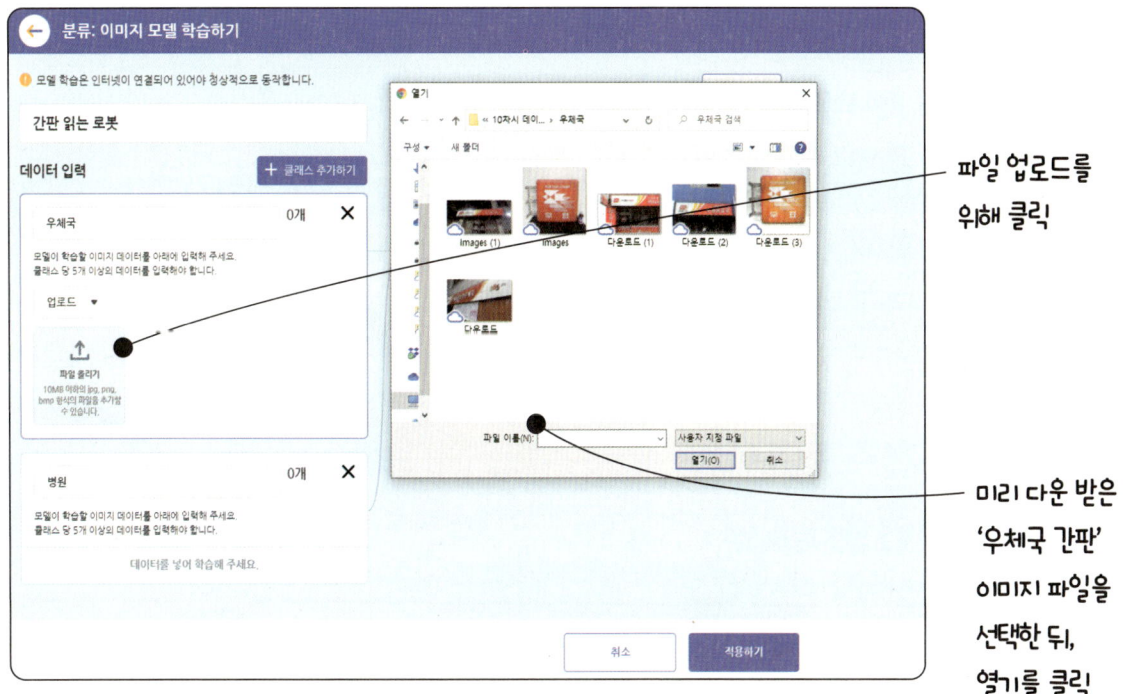

인공지능

06 우체국 클래스에 업로드된 파일을 확인할 수 있습니다.

07 같은 방법으로 '병원' 클래스에도 이미지 파일을 업로드하여 이미지 데이터를 추가합니다.

08 '학습' 창에서 [모델 학습하기]를 클릭합니다.

09 '결과' 창에서 이미지 데이터를 입력하여 머신러닝 모델이 잘 만들어 졌는지 확인합니다.

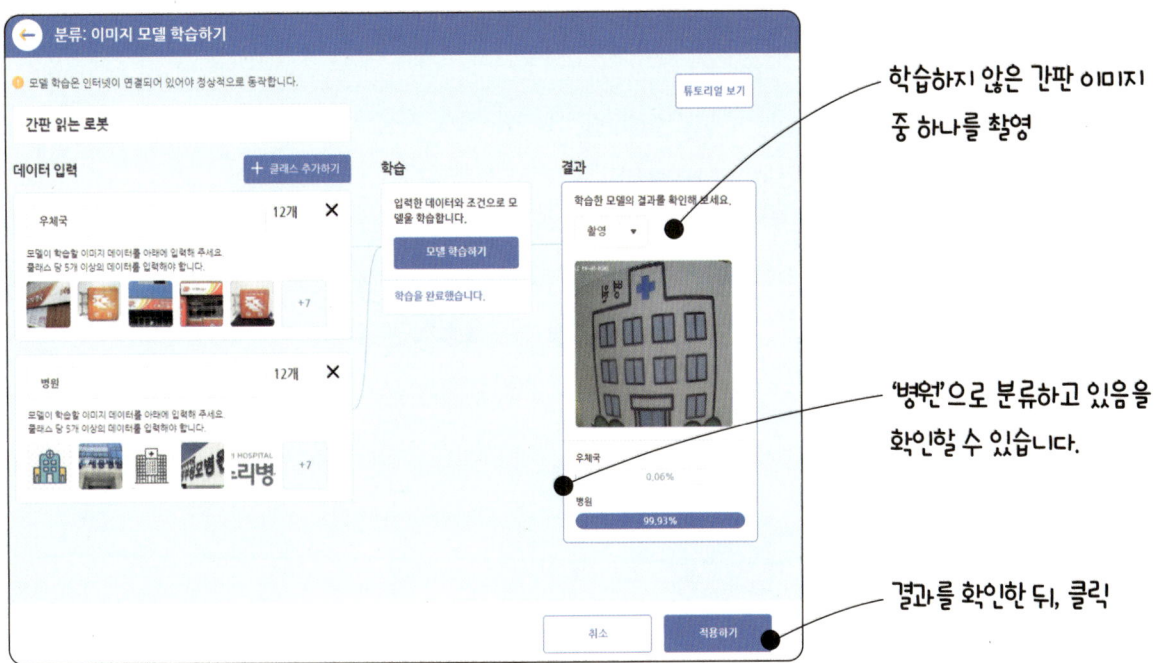

10 블록 꾸러미에 인공지능 블록이 만들어진 것을 확인할 수 있습니다.

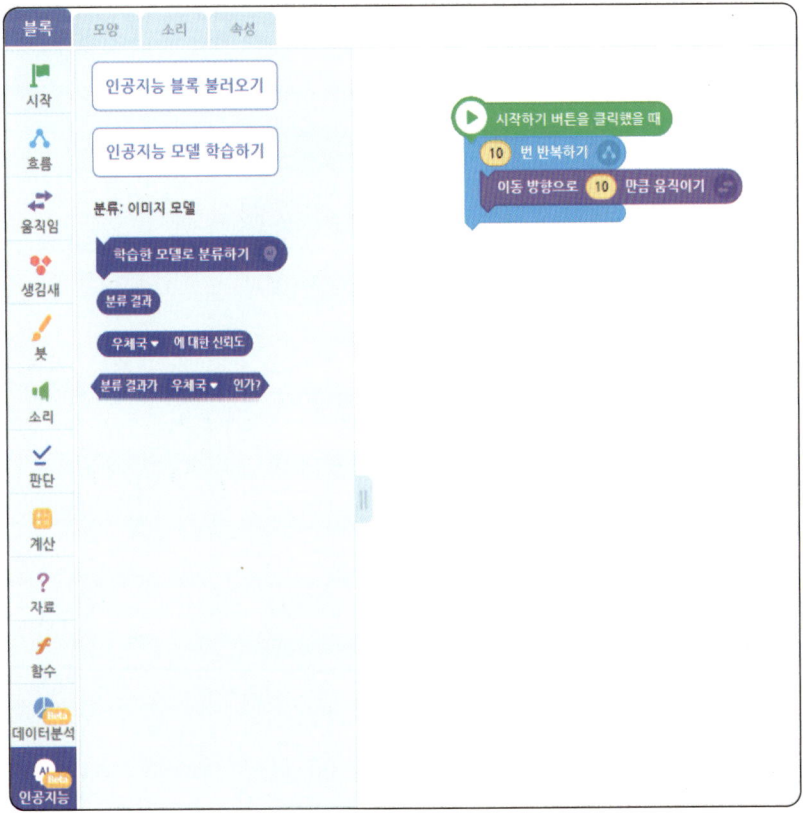

인공지능

하드웨어와 인공지능 블록을 추가해요

01 하드웨어 카테고리를 클릭해 엔트리와 하드웨어를 연결합니다.

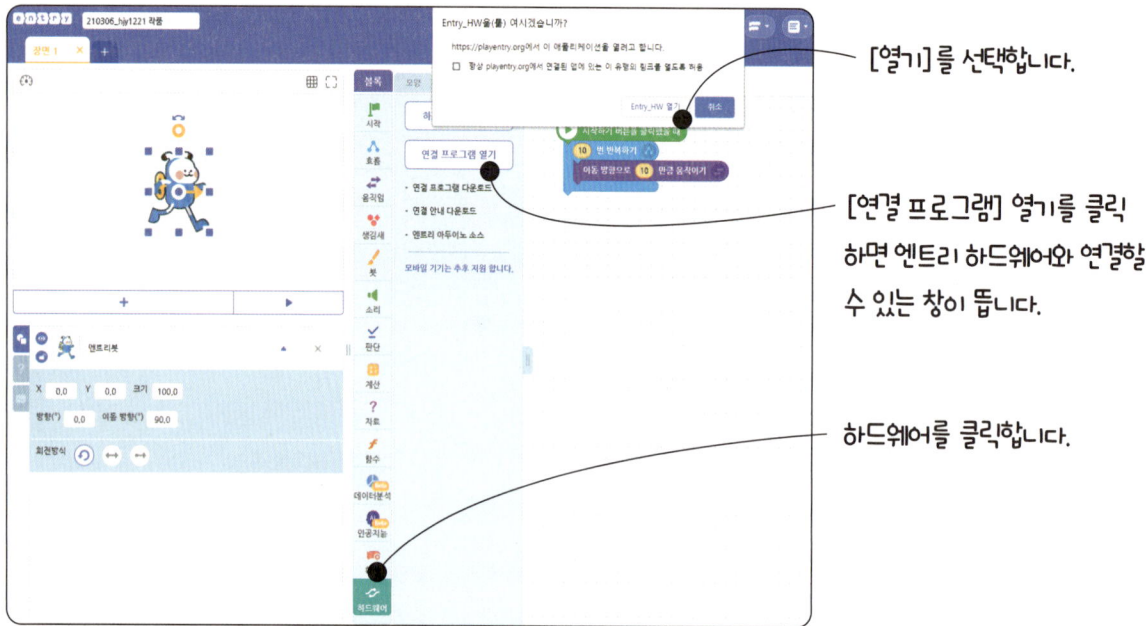

[열기]를 선택합니다.

[연결 프로그램] 열기를 클릭하면 엔트리 하드웨어와 연결할 수 있는 창이 뜹니다.

하드웨어를 클릭합니다.

02 '하드웨어 > 연결 대기' 창이 열리면 가지고 있는 햄스터 동글을 컴퓨터에 연결하고, 햄스터 로봇의 전원을 켭니다.

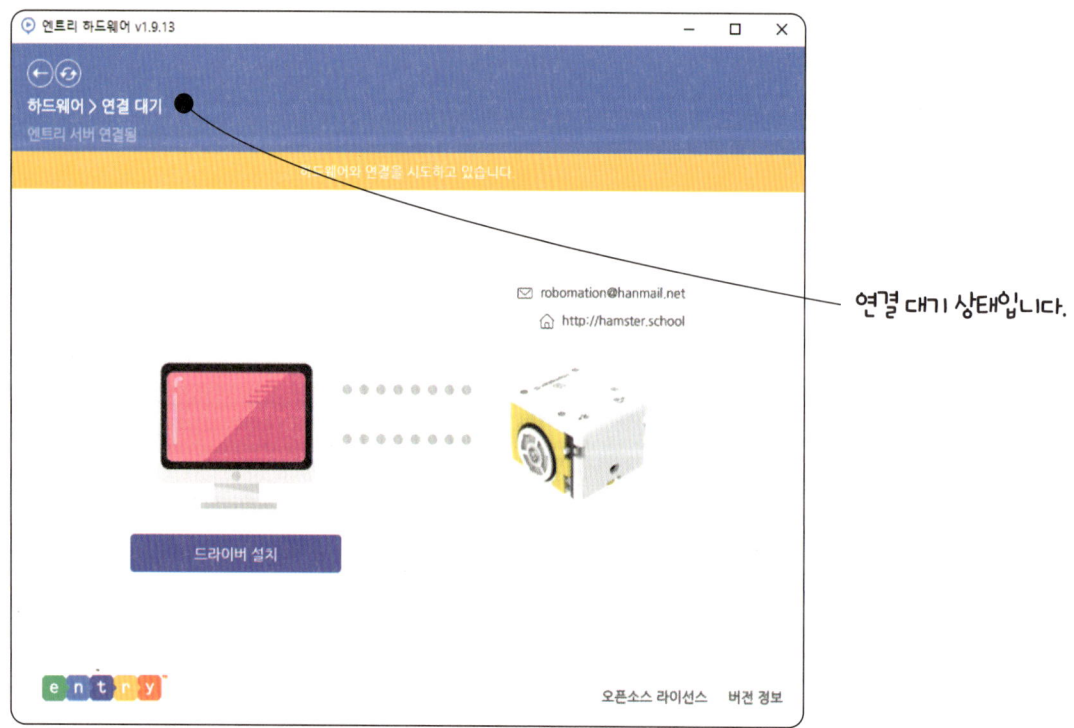

연결 대기 상태입니다.

03 '하드웨어〉연결 성공' 창으로 바뀌면 이 창을 끄지 않고 최소화합니다.

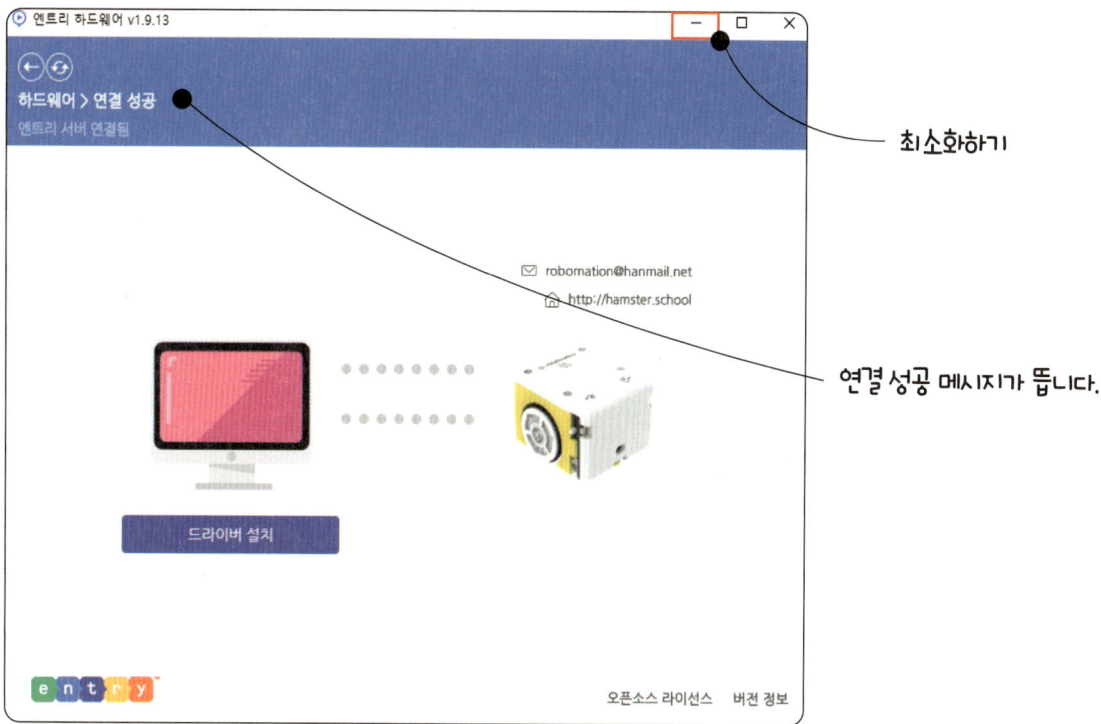

— 최소화하기
— 연결 성공 메시지가 뜹니다.

04 블록 꾸러미에 햄스터 하드웨어와 관련된 블록이 만들어진 것을 확인할 수 있습니다.

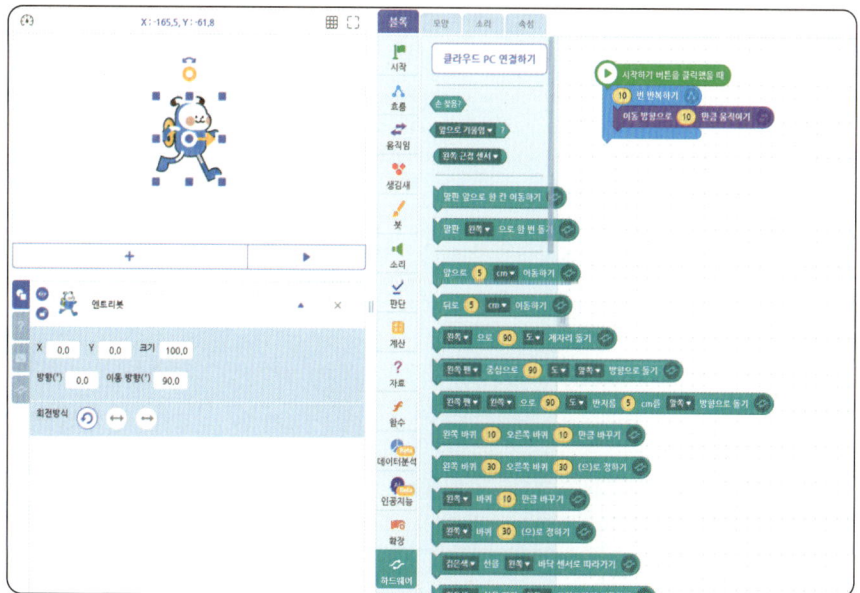

인공지능

05 인공지능 카테고리에서 [인공지능 블록 불러오기]를 클릭한 뒤 [비디오 감지]와 [읽어주기]를 추가합니다.

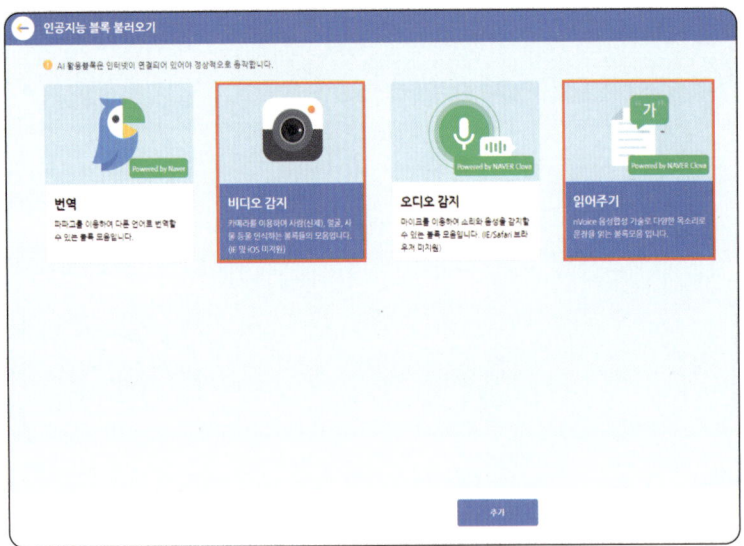

06 '카메라 바꾸기' 블록을 활용해 코드를 작성한 뒤, 무선 카메라인 'MJPEG 카메라'를 선택합니다.

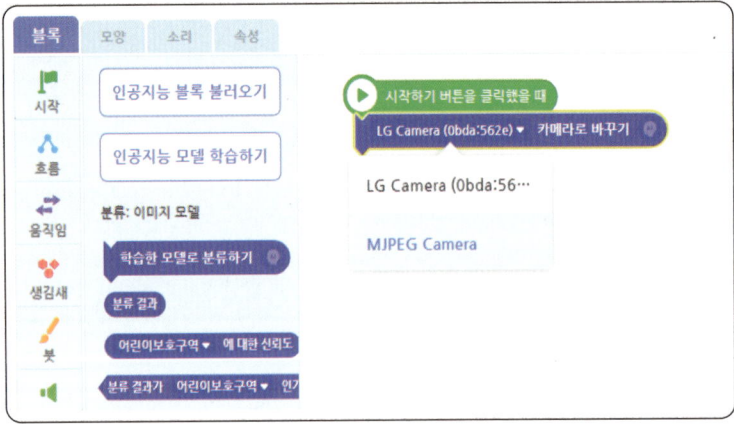

07 '비디오 투명도 효과를 0으로 정하기' 블록과 '비디오 화면 보이기' 블록을 차례로 추가해 무선 카메라가 제대로 작동하는지 확인합니다.

간판을 읽는 로봇을 만들어요

01 [속성] 탭에서 [신호]를 선택하고 신호 이름을 '병원도착'으로 입력합니다.

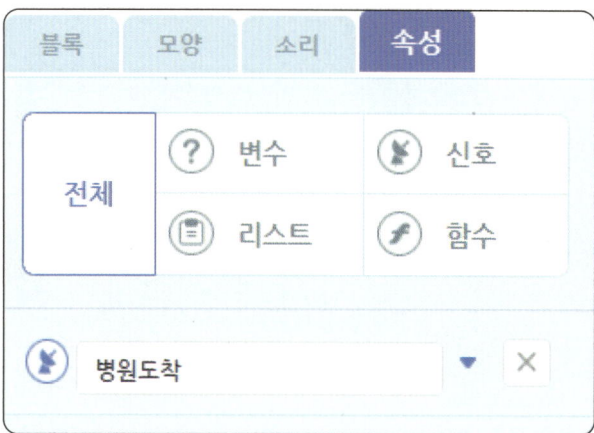

02 '기본 엔트리봇' 오브젝트를 선택한 상태에서 다음과 같이 코드를 작성합니다.

- 카메라가 찍는 장면을 비디오 화면에 보이게 하기
- 햄스터 로봇을 계속 앞으로 이동시키기

인공지능

03 02번에서 만든 코드 아래에 다음 코드를 추가합니다.

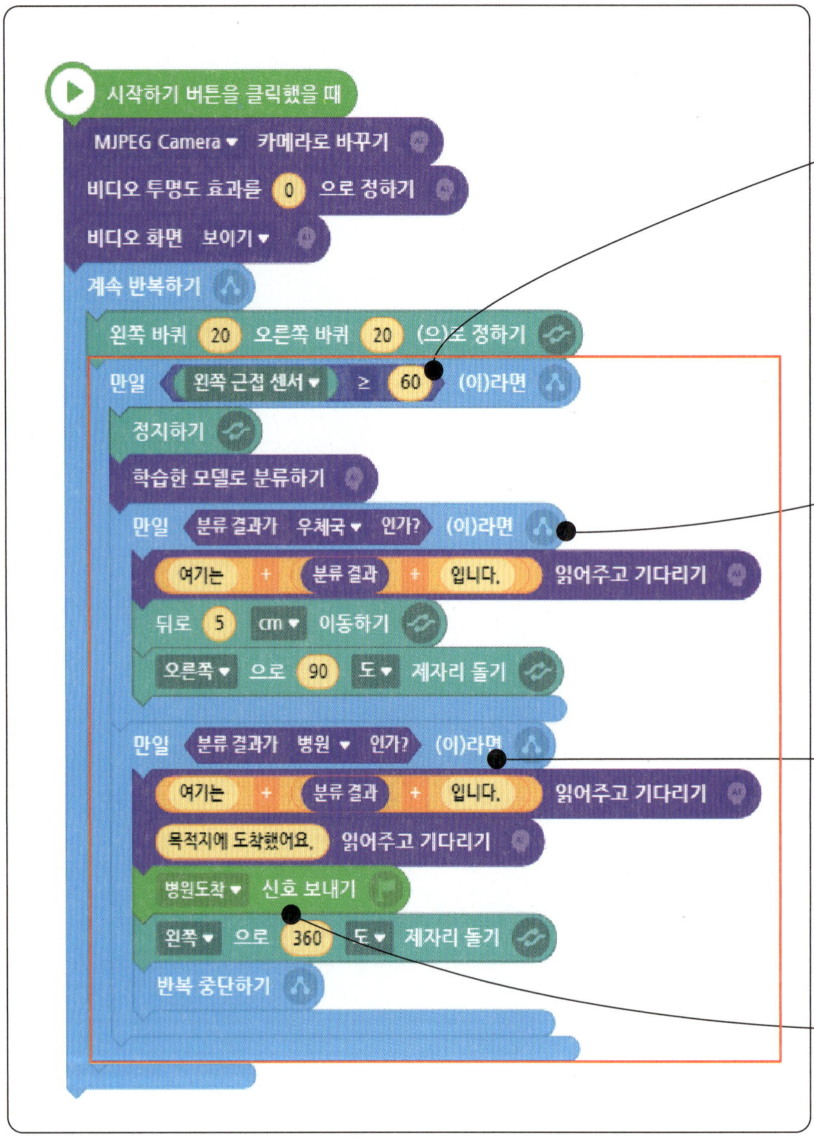

- 왼쪽 근접 센서가 60 이상이면, (즉 앞에 무엇인가 있으면) 정지하기

- 분류 결과가 '우체국'이면 '우체국'이라고 말하고 뒤로 이동한 후 우회전하기

- 분류 결과가 '병원'이면 목적지에 도착했음을 말하고, '병원도착' 신호 보내기

- '병원 도착' 신호를 보낸 뒤 제자리에서 한바퀴 돌고 반복을 중단하기

04 '기본 엔트리봇' 오브젝트를 선택한 상태에서 코드를 추가합니다.

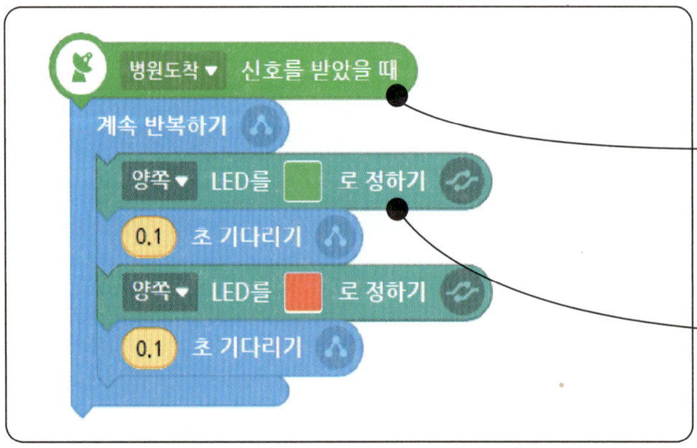

- '병원도착' 신호를 받았을 때 아래 코드를 계속 반복하기

- 양쪽 LED를 녹색과 빨간색으로 번갈아 가며 켜기

05 프로그램을 실행해 로봇이 간판을 읽고 목적지인 병원까지 잘 도착하는지 확인해 봅시다.

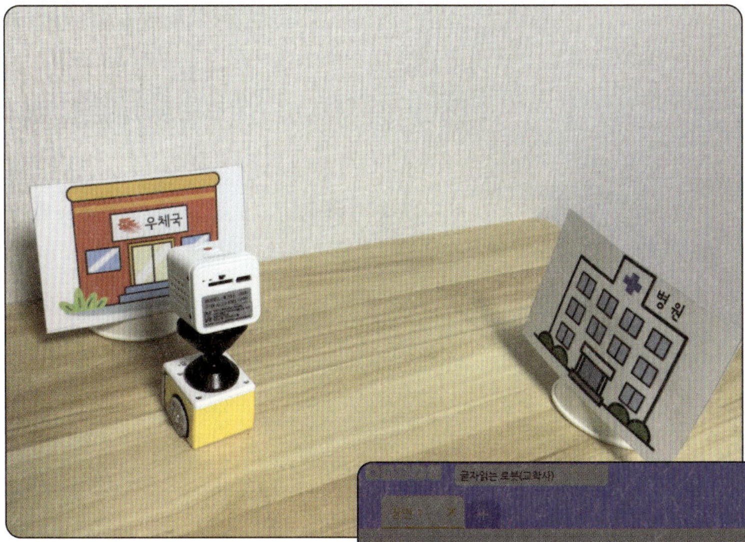

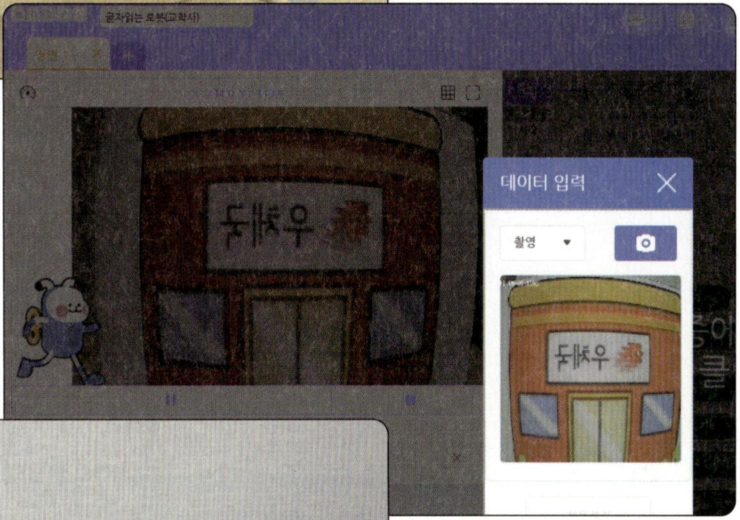

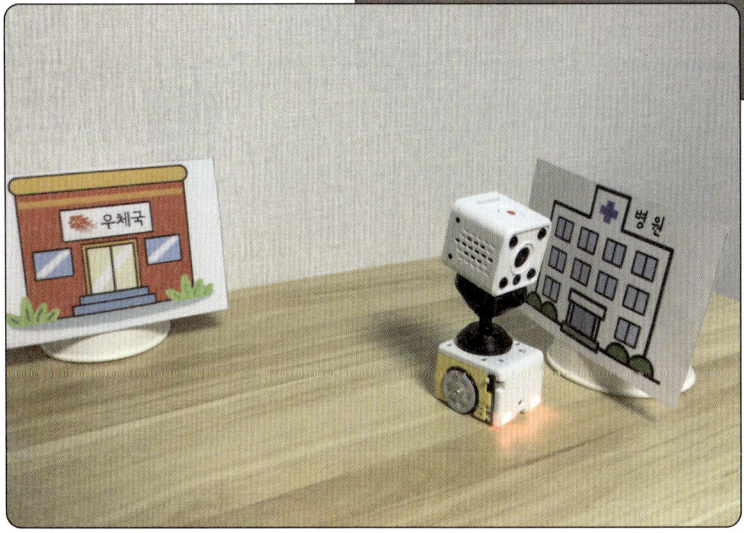

인공지능

알아보기

무선 카메라 사용 시 발생할 수 있는 오류에 대해 알아봅시다.

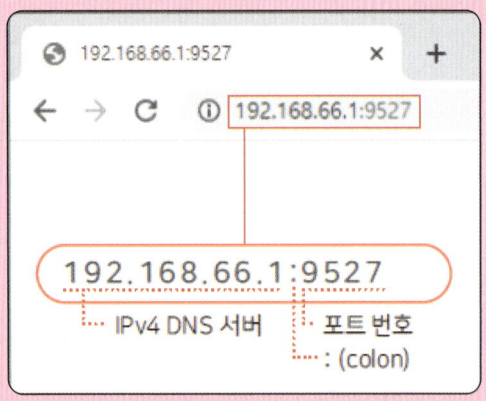

① 웹브라우저 주소창에 IPv나 DNS 서버를 입력했지만 브라우저가 열리지 않거나 카메라에 접속되지 않는 경우가 있습니다. 이때는 주소를 제대로 입력했는지 확인해야 합니다. 해당 카메라의 IP DNS 주소를 다시 한번 확인합니다.

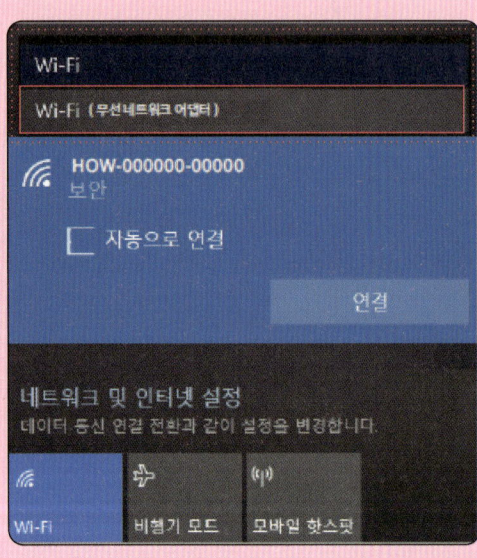

② 컴퓨터에 카메라를 연결했는데 엔트리 온라인을 실행할 수 없거나 인터넷이 되지 않는 경우가 있을 수 있습니다. 인터넷 연결이 필요한 엔트리 온라인을 사용하기 위해서는 별도의 무선 네트워크 어댑터를 사용해 카메라에 연결해야 합니다.

무선 네트워크 어댑터

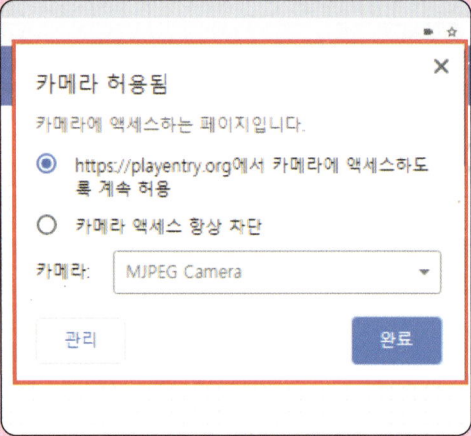

③ 엔트리 화면에서 무선 카메라의 장면이 보이지 않을 때가 있습니다. 엔트리 화면 주소창 오른쪽의 카메라 아이콘을 클릭해 현재 카메라가 MJPEG 카메라인지 확인하고 'http://playentry.org에서 카메라에 엑세스하도록 계속 허용'에 체크합니다.

작품 주소 http://naver.me/GAi2JtRJ

도전하기

<간판을 읽을 수 있어요> 프로그램에 햄스터 로봇이 구분할 수 있는 간판을 더 추가한 프로그램을 만들어 봅시다.

Mission 01 클래스 <경찰서>를 추가해요.

Mission 02 경찰서 왼쪽에 병원이 있어요. 이를 이용해 햄스터 로봇이 병원을 찾을 수 있도록 코드를 작성해요.

127

엔트리로 시작하는 인공지능 프로그래밍
Artificial Intelligence

2021년 10월 10일 초판 1쇄 인쇄
2021년 10월 20일 초판 1쇄 발행

펴낸곳 | (주)교학사
펴낸이 | 양진오
지은이 | 정인기, 홍지연
주　소 | 서울특별시 금천구 가산디지털1로 42 (공장)
　　　　서울특별시 마포구 마포대로14길 4 (사무소)
전　화 | 02-707-5310
팩　스 | 02-707-5359
등　록 | 1962년 6월 26일 제 18-7호
블로그 | https://blog.naver.com/itkyohak

Copyright©2021 By 교학사 All rights reserved.
이 책을 무단복사, 복제, 전재하는 것은 저작권법에 저촉됩니다.

· 물류 및 영업본부 ·
전　화 | 02-707-5147
팩　스 | 02-839-2728

<부록 1: 인공지능 카드>

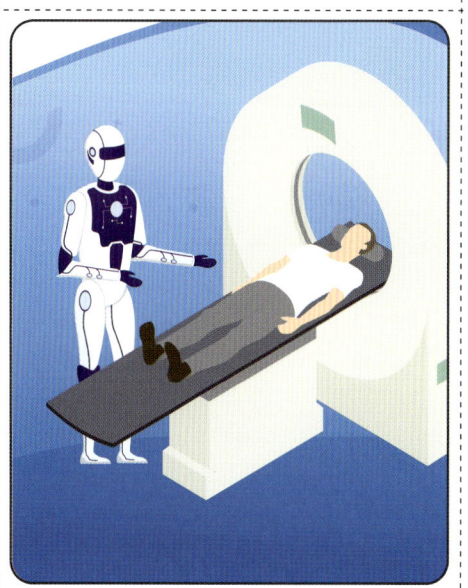

<부록 1: 인공지능 카드>

〈부록 1: 인공지능 카드〉   〈부록 2: 일상 카드〉

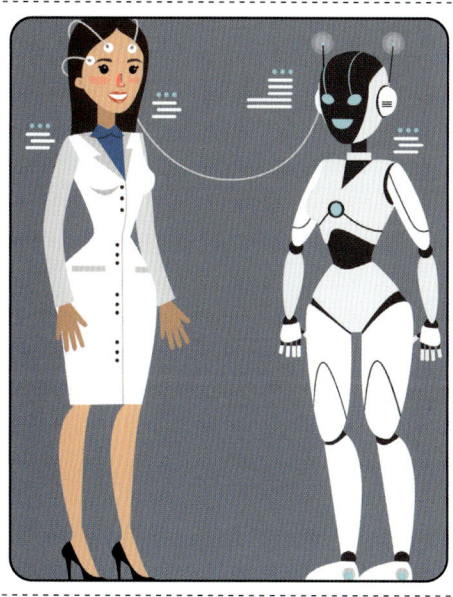  

<부록 2: 일상 카드>

부록7: 인공지능 카드

부록8: 인공지능 카드

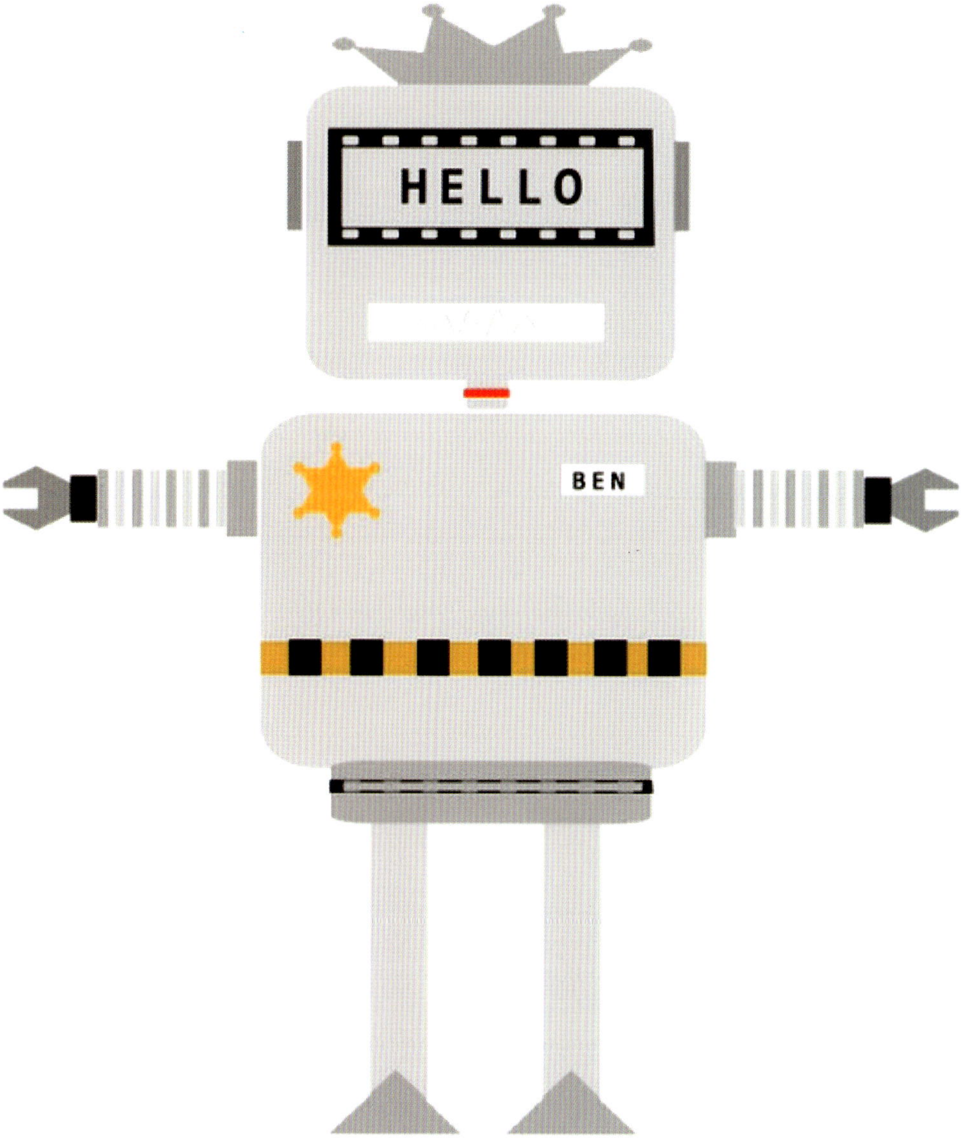

부록9: 인공지능 카드

부록10: 인공지능 카드

AI 카메라				
가속도(방향) 센서				
장애물감지 센서			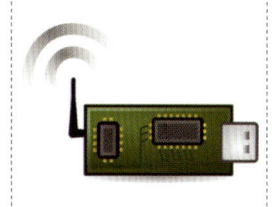	
소리 센서				
밝기 센서				
터치 센서				

부록11: 인공지능 카드

AI 카메라	📷			
가속도(방향) 센서				
장애물감지 센서				
소리 센서				
밝기 센서				
터치 센서				